野心家們

被遺忘的中國近代史 2

金哲毅——著

推薦序

你應該知道的歷史真相

新北市立丹鳳高中教務主任／宋怡慧

閱讀過金哲毅第一本作品《國父「們」：被遺忘的中國近代史》，就讓身為讀者的我成為他的粉絲。除了驚艷於其對歷史書寫所展露的自信和與眾不同的「人氣」與「人味」外，也服膺於金哲毅博學多聞又獨到的見解。

金哲毅自號「老ㄕ」，從喜歡聽故事的大男孩到成為愛說故事的師者，最後也變成能書寫好故事的作家。

金哲毅筆下的歷史人物各有獨特的氣質，不論是宋教仁、孫文、秋瑾，或是黎元洪、黃興、袁世凱，他們不同的氣度與格局，往往注定事件發展的成敗與結局。駱芬美說：「歷史不是是非題，歷史需要思考，需要討論。」過去，我們以為的事實，經過金哲毅以「人」為中心的爬梳，讓原本刻板的歷史事件，重新被賦予鮮活、生動的形象。

金哲毅讓讀者知道：歷史的答案與真相，常常不是我們表面知曉或理解的；歷史人物的事蹟與韻事，在其栩栩如生的筆觸下，皆具有特殊的人情味。

這次，「老ㄕ」繼續以《野心家們：被遺忘的中國近代史2》，為讀者帶來中國近代史生動嶄新的詮釋。

讀過清末民初歷史的人，常會有一種感覺：亂、好亂、非常亂！然後，一堆人名、一串事件，草草讀過，無法留下太深刻的印象。或許是，沒有人引渡我們深究與了解：為何當時的中國會處於這樣的情勢呢？歷史亂象背後的意義與啟示為何？所以，我們對這段歷史常是無感的、無動於衷的。

金哲毅援引豐富的史料，輔以詼諧流暢的寫作手法，將中國近代史上重要的史事與人物巧妙地結合，讓讀者在輕鬆的閱讀氛圍中，瞭解了從民國元年到民國五年期間中國正歷經一次「中國第一共和」的民主試探：從〈意外的領導人〉到〈洪憲帝制的殞落〉，讀者歷經袁世凱猝然而起的洪憲帝制，短短五年內，新生共和的美夢就戛然而止地終結。曾被眾人寄予厚望的理想制度，最後，怎會是如此狼狽又悵然的結局呢？

金哲毅習慣把每個時代獨特的故事繫於人與人之間「相互連結、牽絆的系譜」中。以袁世凱為例，他看起來是個投機分子，以雙面討好的方式取得政權，但任職總統期間，對內大興實業、舉辦教育、推動建設，對外團練新軍、保有領土、關心外交，看來是位克盡職守的領導人。但，歷史最終給他的無情評價卻是「袁世凱是獨裁專權的政治失敗者」。金哲毅試著要讀者去理解袁世凱，為何會誤判形勢，做出錯誤的抉擇，導致身敗名裂的下場？或許，袁世凱抉擇的背後是有沉重的時代包袱：袁世凱活在一個皇權大於民主價值的時代，他的選擇是性格霸道造成？抑或是時代造成的宿命？

因為提供思辨的視角，學習歷史不再是枯燥乏味的事，反成趣味橫生的流光。這些民初重要的歷史人物，彷彿是身邊會出現的朋友們，有人貪生怕死；有人錙銖必較；有人笑看人生；有人瀟灑豁達。甚至，你以為的聖哲偉人，有其陰鬱黑暗的性情；你以為的小人貪官，也有其可愛可親的一面。

作者以獨到的眼光、嚴謹的史料、詼諧的口吻，讓讀者更全然、超然地認識已被歷史蓋棺論定過的人物。我們顛覆的不是歷史，而是對既有價值的澄清與思辨，就像金哲毅所說：有時是培養一份「寬容」，也就是不以「現在」的眼光論斷「過去」的心。

記得學歷史的人很常說：歷史除了人物、時間和地點以外，其他都是假的；而小說除了人物、時間和地點是假的以外，其他都是真的。金哲毅的歷史書融合了歷史的真實，也揉雜了小說的趣味，更深刻的是，讓我們去思考：過去的時空與人物，相對於現在的我們，到底教會了我們什麼？提醒了我們什麼？當我們打破既有的框架，對歷史重新解構、重組時，歷史不再是是非題，而是需要我們好好思考、認真討論的人生問題了。

誠摯推薦給大家一本能讓讀者一翻閱就有如獲至寶、怦然心動的好書，它提供廣袤的思辨空間，也帶領我們展開一場與歷史人物對話的充實之旅。

推薦序

被快轉的民國十七個年頭

「說書Speaking of Books」主編／陳建守

我第一次知道金老ㄕ的名號，是「故事：寫給所有人的歷史」開站不久之後的事情。有一天，我的同事告訴我，他發現一個不錯的部落格「金老ㄕ的教學日誌」。我看了以後覺得十分有趣，那時候金老ㄕ正在筆耕辛亥革命前後這段歷史，寫的就是民國肇造前，近代中國「國父們」的故事。熟悉美國歷史的讀者們知道，美國開國有賴一群建國諸父（Founding Fathers）戮力以赴，擘劃新生國度的大小事務，才奠定美國立國的合法性基礎。辛亥鼎革，中國從帝制中國搖身一變成為新生的共和國，躋身世界民主國度之林。新生的共和國需要創造一套國族論述符應現實的情勢，國歌、憲法、紀念日等具備象徵意義的事物被創造出來。這當中，「國父」更是不可或缺的符號。孫文被定名為「國父」，不是辛亥革命之後立即成形的事件。孫文被稱作國父，是始自一九二五年三月逝世之後。時任黃埔軍校校長的蔣中正在東征作戰旅次途中，獲悉這項訊息；蔣中正在其悼詞中，稱孫文是「中華民國的國父」。嗣後，中國國民黨黨人以個人身分稱孫為國父，流風餘韻所及，孫文的國父形象逐漸由私領域的尊稱化為公領域的統稱，特別是在教科書中對「國父」豐功偉業的描繪，透過莘莘學子的諷誦，更是深入人心。在半個世紀後的我們，仍深信「國父」這個國族神話的象徵。金老ㄕ的第一本書《國父「們」：被遺忘的中國近代史》就是矢志打破這個神話，將一眾與辛亥革命相關的革命黨人重新拉回讀者的眼前，彰顯其他革命志士的功勳〔書評請見：蘇聖雄〈是誰創造了建國神話？——讀《國父「們」：被遺忘的中國近代史》〉（http://gushi.tw/archives/17954）；呂慎華〈誰是革命烈士？——也讀《國父「們」》〉（http://gushi.tw/archives/17986）〕。

如今，金老ㄕ推出《野心家們：被遺忘的中國近代史2》，則是將歷史的縱深往下探照，探究的是一群活躍於北洋時期的人物。一般來說，因為軍閥的混戰和袁世凱的稱帝破壞共和，我們對於北洋時期的浮面印象偏於負面居多。不過，我們需要注意的是，一九一一年辛亥革命爆發，中華民國建立。實際上，革命黨人並未獲取政權，政權落於以袁世凱為首的北洋派軍人之手。袁世凱死後，各支北洋部隊割據地方，逐鹿中原，形成內戰連年局面，馴至外界有「北洋軍閥」的罵名。即使如此，自一九一二至一九二八年十多年間，北洋派所主導的北京政府（即所謂「北洋政府」），始終是世界各國外交承認的中華民國唯一合法政府。北京政府執政期間，許多技術官僚（特別是外交方面），大抵仍為「軍閥」尊重，不受黨派利益的牽制，為國家爭取利益，並確保了外交政策的延續性。另外，這時期中國學術思想百花齊放，政府言論管制不嚴，黨化意識形態尚未籠罩，堪稱近代中國知識人的黃金時代。無可諱言的是，北京政府的統治，因革命黨派（國民黨、共產黨）的宣傳常遭到醜化。這種情形在一九二八年國民黨人「北伐」成功，推翻北京政府建立南京國民政府統治後日益明顯，進而影響了數十年來的歷史書寫。

《野心家們：被遺忘的中國近代史2》全書共分九章，先從領導湖北新軍繼續革命的黎元洪講起，繼而倒敘八指將軍黃興的出場，進行鋪陳本書靈魂人物袁世凱的現身。在本書的第三章中，金老ㄕ詳述袁世凱的家世與發跡的過程。金老ㄕ自述袁世凱是本書「神出鬼沒」的角色，無論是在革命黨人的故事中，抑或是提及清朝官員的情節中，都會出現袁世凱這號人物。對於金老ㄕ來說，袁世凱是見證清末到民國，一個新時代如何誕生的縮影。接續著袁世凱而來的篇章，是以其為首的〈北洋集團的誕生〉，以及〈大清帝國的最後掙扎〉這兩個篇章。〈北洋集團的誕生〉介紹了袁世凱麾下文武兩派的能人志士，這在本書的安排讀起來毫不凝滯。然而，〈大清帝國的最後掙扎〉一章講的內容其實是慈禧的政治手腕與盤根錯節的北洋集團如何誕生的過程。初讀本書的這個章節，感覺似乎有點扞格不入。下一個章節是民國肇造後，革命黨人集團和北洋集團的政治角力戰。終結這場表面平靜、內在波濤洶湧的權力爭奪戰，是國民黨代理理事長宋教仁橫遭暗殺的事件。於此，我才明白金老ㄕ的安排是要把慈禧這個篇章作為開啟民初政局紛亂的引子。至於成效好壞，只有請讀者諸君閱後自行評斷。

宋教仁案開啟新篇章的序曲，金老ㄕ在這個章節中，描述了新生共和政治的齟齬、「二次革命」的爆發。又稱為「討袁之役」的二次革命，在辛亥革命一年後發生，才放下槍桿子不久的革命黨人，重操舊業反對袁世凱的專政。「二次革命」一方面打破了這個新生共和國的民主夢想，另一方面則預示了接下來軍閥混戰的政治局面。金老ㄕ在最後兩章安排洪憲帝制的誕生，這兩章是全書較長的章節。金老ㄕ從民初的政治、經濟和外交問題切入，講述袁世凱稱帝的背景，以及洪憲帝制的曇花一現。

綜觀全書，《野心家們：被遺忘的中國近代史2》主要講述了民國肇建之後的政治局勢，這在過去教科書的敘事中，是以軍閥混戰作為主軸的歷史時段。軍閥彼此之間的交戰，常讓學生內心也天人交戰不已，一方面無法清楚背誦，另一方面則看不出這些戰事背後的歷史意義。如今，金老ㄕ以其生花妙筆，重新演繹這段歷史。金老ㄕ一方面詼諧逗趣地介紹這些人物的生平梗概，還設計訪談的橋段，總有令人會心一笑的情節；另一方面則調轉筆鋒去剖析時代悲歌下的權力分配、政治角力和金權政治。無論讀者們對金老ㄕ這樣的安排滿意與否，《野心家們：被遺忘的中國近代史2》都是一本平易近人的好書。承蒙平安文化要我為金老ㄕ的大作寫段介紹，我就以本文權充導讀，爰綴數語如上。

推薦序

跨越文字的時代藩籬

東吳大學師資培育中心專任副教授／李逢堅

哲毅老師在東吳大學師資培育中心修讀教育學程時，我就已經看到他的個人獨特風格。他幽默風趣，課堂上不經意地就提出多元角度的見解。在實習階段，他更進一步嶄露頭角，實習輔導老師願意在有限的課堂時間讓他發揮所長，為學生補充歷史知識，而當時學生就已經被他的課堂講述所吸引。擔任教職的階段，他有更大的發揮空間，這期間更充分融入他的特長而展現個人魅力。很高興他將他歷史教學的理想延伸觸角到課堂之外，不僅透過網路傳播，更將文字出版發行。在第一部獲得好評之後，更再接再厲發行第二部。

歷史無法一言蔽之，更非三言兩語能道盡；而一段歷史也絕非單一個人所能創造，特別是紛亂的大時代。清末民初即是一段錯綜複雜的歷史，人物繁多，事件更迭倏忽頻繁。為了補充歷史教科書的不足，哲毅老師在第一部的主標題《國父「們」》，便開宗明義宣示歷史的發生是眾人共同建構而成的。各章主要介紹各革命志士的個性與作為，包含國中課本提及但語焉不詳，甚至被刪減的重要歷史人物。如同盟會及光復會的黃興、宋教仁、孫文、陳炯明、蔡元培及章炳麟等。然而，第一部受限於主題及篇幅，無法對清末民初的歷史有深化脈絡的認識。

為彌補此一缺憾，哲毅老師再度出版了第二部《野心家們：被遺忘的中國近代史2》。本書仍鎖定在清末民初，但章節的安排，與第一部稍有不同，順著時序發展介紹關鍵的歷史事件及人物。從武昌起義後、清帝溥儀退位、二次革命到洪憲帝制結束，更豐富地描述辛亥革命到民國初年的歷史背景。其他具有影響力的歷史人物也陸續登場，諸如湖北軍政府領導人黎元洪、自清末到民初一直位居要職的袁世凱，因此他占了極大的篇幅，及其他北洋集團人物馮國璋、段祺瑞、王士珍、唐紹儀等，也都是本書中的要角。透過閱讀本書，能讓讀者有機會重新檢視與思考教科書有限篇幅所傳遞的歷史印象。

在《野心家們：被遺忘的中國近代史2》中，哲毅老師仍延續前一部作品強烈的個人風格。我想，哲毅老師的歷史書涵蓋三個旨趣，這與他個人擔任國中歷史教師的體會及觀察有關。第一，傳達他對歷史的熱情與樂趣；第二，補充精簡後國中歷史教科書的缺憾；第三，傳遞歷史教學的多元史觀與歷史思考。他對歷史的熱情與樂趣方面，從他在複雜的歷史脈絡中，有他個人的理解與鋪陳；對歷史人物與歷史事件的描述方式，有他個人的思考與觀點，即可窺知他對這段歷史的熱情及所下的功夫。整個故事的進行，有時像第三人的報導，有時又似當事人的對話，描述的栩栩如生、趣味橫生，閱讀篇章的過程也能感染他對歷史的樂趣。

國中歷史教科書的缺憾方面，國中歷史課程在精簡之後，教科書大量刪減內容，結果只讓歷史事件變得片段瑣碎，人物性格與作為變得化約。歷史的多元本質不見了，學習歷史的樂趣也隨之削減，讓歷史教師大為困擾。即使中學生想要自行閱讀補充清末民初的歷史資料，也困難重重。史料龐雜，文白夾雜用語艱澀難懂，容易讓中學生望而卻步。誠如他書中所言，僅是人名就需要花許多力氣釐清。本書是他閱讀歷史書籍消化吸收後，以他對國中歷史教材與國中生的理解，時而補充歷史背景知識，如人物字號，時而與歷史教科書的描述做對照，適當的澄清與補充教科書內容。同時，哲毅老師的文筆通暢，遣詞用字貼近時下青少年用語，不僅讓苦悶的清末民初歷史增添幾分趣味，也跨越文字的時代藩籬，讓中學生較無負擔的閱讀歷史故事。

傳遞歷史教學的多元史觀與歷史思考方面，哲毅老師撰寫此書的目的，不在完成另一套歷史教科書。他對歷史的描述，不受限於傳統的權威角色，提供讀者多元角度來解讀歷史人物與歷史事件，甚至直接對一歷史事件提供多個版本與說法，從多角度加以描繪。當然，歷史的編著過程必然呈現作者的觀點，哲毅老師也不避諱地呈現他的想法。不過，書中他也不斷地傳達歷史教育所重視的歷史思考與解釋，更不忘提醒讀者：「對於資訊抱持著懷疑、思考、驗證的態度。」或許有些人對他的說法有不同的見解，但歷史本就存在多元史觀，引發許多討論意見，這就是本書成功之處，也是價值所在！我想，他的確成功地達到這個目的。

很高興哲毅老師在他的教學生涯用著作留下紀錄，很高興他的書獲得很大的迴響，更高興他能撰寫關於這段歷史的續集。本書適合對清末民初歷史有興趣的人士閱讀。若您不滿意過去歷史教學對這段歷史輕率帶過，藉由閱讀本書，可以填補心中許多缺憾，甚至解答您過去學習這段歷史的疑問而恍然大悟。此外，特別推薦給教育界人士。因為哲毅老師在校園從事歷史教學，他了解中學生的現況、特質、想法與問題，同時也了解當前歷史教材內涵與教學限制。若您是對於這段歷史教學尋找補充教材的教師，這是您不容錯過的課堂補充資料。書中豐富的歷史脈絡及多元角度，更是實施有效教學的討論素材。若您苦於時數限制無法盡情授課，本書也可以做為學生自行閱讀的材料。這本書能讓苦於學習這段歷史的學生，對歷史課本中的歷史，有另一番貼近與認識。

目錄

前言

亂世中的野心，大時代下的志向

感謝現在花時間閱讀的每一位讀者，本書是接續《國父們：被遺忘的中國近代史》的故事。當初在為本書命名時，編輯和我可是傷透了腦筋(因為本人真的不擅長取書名這件事)，經過多方請教後，為了呼應書中的內容，終於以「野心家」定案。

「野心」一詞出現於《淮南子・主術訓》：「故有野心者不可便借勢；有愚質者不可與利器。」在這段典籍中，野心的意思是指對權勢名利有過分的貪欲，相信這也是大家最先聯想到的涵義，所以我想這可能連帶地讓人聯想到我對本書所描述的人物會有相當的貶意。

其實野心一詞若是轉換成英文的ambition，情況可就有所不同。英文中，固然有"Ambition loses many a man."（野心使許多人失敗）這樣的諺語，但也有"Ambition makes people diligent."（雄心使人勤勉）、"Nothing is difficult to a man whom ambition fires."（對於雄心萬丈的人來說，世上沒有難成的事）如此的肯定句。

所以與其說野心是貶意詞，不如說是一種態度，代表積極實踐自己的想法及行動，這也就是為何本書名為「野心家」的原因。清末民初不僅是個亂世，同時也是新舊觀念激烈碰撞的年代，在此時代背景下，許多人認為自己找到了因應時代變動的方法而亟欲實踐並證明。他們或機敏、或睿智、或強橫，那究竟誰能如心中所願進而領導局勢？或是時代最終會給予這些野心家們什麼樣的回應？

那就是接下來本書所要描述的內容了。

清末以來，革命勢力不斷衝擊著古老的清王朝，
終於在一九一一年十月十日的夜晚，湖北新軍發動起義占領了武昌城，
為新時代劃開了序幕……

第一章

意外的領導人

一九一一年十月十一日的早晨，起義的湖北新軍沉浸在勝利的喜悅中：「好ㄟ！我們勝利了！」

然後過沒多久，大家安靜下來，你看看我、我看看你，心中出現同樣的問題：「誰來領導我們繼續革命？」

在武昌起義臨時擔任革命軍指揮的吳兆麟，只是管一百五十人的隊官（相當於今日的連長），但起義成功後，革命軍人數已經突破三千人；就一個連長的角色來說，實在無法讓軍隊安心接受他的領導。

其實革命黨不是沒想過領導人的問題，早在策畫起義時，革命黨人就推舉文學社的蔣翊武為革命軍總指揮、共進會的孫武為總參謀長，同盟會的宋教仁則按約定時間進入武昌城共商大局。但是由於孫武在起義前夕製作炸彈時不小心引發爆炸，使他臉跟雙手被嚴重炸傷，此時正躺在床上蓋白布；而這場意外連帶引發清朝在起義前突擊了文學社總部，搞得蔣翊武還要裝傻騙過巡警才能落跑成功。所以當起義被迫提前而且一舉成功時，原定計畫中的三位領導人物全不在現場，導致群龍無首的局面。

那到底有誰能領導起義軍呢？這位領導人必須深得湖北新軍信賴，所以在軍中最好有崇高地位且為眾人熟悉，而且必須現在身處武昌城中……

「有了！就是他！」

眾人心中無不出現一個共同人選。而這人也因此將從歷史舞台中不起眼的路人甲，成為民初許多重大事件的重要男配角。

眾人心中的人選就是，時任湖北新軍第二十一混成協協統——黎元洪！

黎元洪，字宋卿，生於湖北省黃陂縣，人稱「黎黃陂」。

在這裡要打岔一下，說起老ㄕ我在翻閱史料時總會遇到一個麻煩的問題，就是人名。古代人的稱呼極其繁瑣，以袁世凱為例，史料上他的稱謂有：袁世凱、袁慰廷、袁宮保、袁項城、袁王八（這是光緒皇帝幫他取的）。為何一個人有那麼多稱呼？首先袁是「姓」，世凱是「名」，但他還有個「字」叫：慰廷。古代若是指名道姓地叫人，一般來說只出現在：

黎元洪。

一、正式場合：如公文紀錄、早朝唱名。

二、以下對上的自稱：如晚輩對長輩、下屬對上司。

三、情非得已：如對一個人開罵時。

如果是平輩，比如同僚、同學間的稱呼，通常只會稱呼袁世凱的「字」——慰廷，這樣顯得親密也比較有禮貌。

可如果你是袁世凱的部下呢？叫「袁大人」似乎太過平常及見外，所以就產生另一種稱呼方式——用「官職」作為一個人的代稱。

比如說：三國時期的劉備，被封為豫州牧，就被人稱為劉豫州。袁世凱當過「太子少保」，所以就被叫袁宮保（袁世凱的部下段祺瑞，就很習慣這樣稱呼他的上司）。這既抬舉他人身分，還顯示兩人之間熟悉度，無形間拉近了上司和下屬之間的關係。

除了血緣及職務外，還有一種關係也是極為重要，以至於常被華人拿來用做投靠有力人士的重要媒介，那就是「同鄉關係」。同鄉關係又分成：大同鄉、小同鄉，何謂大同鄉？就是以「省」作為單位，比方說：你是山東人、我也是山東人，咱倆就算老鄉。一九四九年國軍撤退來台時，很多老兵就是用這種方式拉近關係。何謂小同鄉？就是以鄉、鎮、市，甚至小到以街弄為單位，比方說：我倆都是台北市中正區仁愛路上的居民，唉呀！在異地難得遇到這麼鄰近的老鄉，想不親近也難了。

所以為了套同鄉關係，古人有時會在姓氏後加上「地名」，作為稱呼。

好比袁世凱在河南省項城縣出生，就叫袁項城；清末名臣張之洞在直隸省南皮縣出生，就叫張南皮；黎元洪是在湖北省武昌黃陂區出生，就被稱為黎黃陂。

如果這麼多稱呼已經讓你感到頭暈，還有一件更暈的事情告訴各位：以上稱呼多少還跟姓名搭得上邊，但有些古人更喜歡用外號來稱呼，像宋教仁自號「漁父」，汪兆銘有個響亮的筆名——精衛，就連袁世凱都曾經自稱「洹上漁翁」、「容庵老人」，這使得後世歷史工作者在研究文件時，往往在名稱之間就要下足了苦功，才能明白其中到底出現了多少人物。

回到黎元洪，他本來服役於大清北洋水師，於「廣甲艦」上擔任二管輪（類似今天的二副，主要負責看顧器材）。甲午年的黃海海戰中，「廣甲艦」被日軍擊沉，黎元洪仗著救生衣及泳技，在海中支撐許久後獲救。之後他轉職陸軍，並投靠張之洞，在其提拔下擔任湖北新軍第二十一混成協協統，在整個湖北軍地位，僅次於第八鎮統制——張彪。

黎元洪對待士兵的態度算是相當寬鬆，尤其他對於士兵們懷抱革命思想批評清廷時，選擇睜一隻眼、閉一隻眼，不加理會。當有士兵犯了輕微軍規要受罰時，他則是口頭警告，然後不了了之。所以士兵一提到黎元洪，都會說：「好一個『黎菩薩』！」他也因此獲得新軍將士們的愛戴。

湯化龍。

由於官位高又掌握軍心，當時不論是起義成功後加入革命行列的前大清諮議局議員湯化龍（此人在文官系統中非常吃得開），還是革命軍臨時指揮吳兆麟，以及眾多新軍成員，像熊秉坤、蔡濟民、馬榮……等人，皆一致認為：「只有黎協統才有資格領導大家革命！」於是大夥衝去黎元洪家找人……沒找著，又衝去黎元洪的辦公室找人……還是沒找著。

正當大家一團亂，甚至懷疑黎元洪該不會在昨天晚上被人斃掉的時刻，打響起義第一槍的新軍成員程正瀛興奮地大喊：「太好了！在黎協統的朋友家找到他了！」

接下來的場景，大致上有兩種版本：

【版本一】

程正瀛帶著一群士兵衝進屋子，看到黎元洪端坐在椅子上，然後問：「你們找我幹嘛？」

程正瀛立正敬禮說：「請黎協統擔任我們革命軍的都督！」

黎元洪：「我不想當，你們莫害我啊！」

程正瀛說：「您是弟兄們眾望所歸的人選，一定要請你出馬。弟兄們！帶黎都督去指揮所主持大局。」

於是黎元洪一邊心不甘情不願地喊著：「你們莫害我啊！莫害我啊！」一邊被人半強迫地帶走。

【版本二】

當程正瀛帶著一群士兵衝進屋子搜索一番後，他發現身材渾圓的黎元洪竟然躲在床底下！

「黎協統！請你出來說話！」

「啊～你們想對我做啥？」

看到黎元洪還是縮在床底下不肯出來，程正瀛向同袍使了眼色，眾人隨即硬把他從床下拖了出來。

「黎協統莫慌！我們是想請你當革命軍的都督啊！」

「啊～我不想去！你們莫害我啊！莫害我啊！」

於是黎元洪膽顫心驚地被程正瀛和他的同袍給架走了。

根據老ㄕ調查，第一種版本出處源自黎元洪的學生，第二種版本則是在「二次革命」後才開始流行，可無論是哪一種版本，我們都可以看得出來，黎元洪是不贊成起義的。所以當他被請到指揮部，面對吳兆麟時感動萬分地說：「黎協統，大家都認為你最適合當咱們革命軍的都督。」

黎元洪只是一再重複：「我不想當！你們莫害我啊！」

吳兆麟接著勸他：「你是我們的都督，我們怎麼會害你呢？你眾望所歸，就當了吧。」

黎元洪還是嚷著：「我真不想當！看在我平常待你們不薄的分上，你們莫害我啊！」

吳兆麟說：「就是因為你待我們不薄，我們才希望你當我們的都督，求你了！」

黎元洪：「這造反是要殺頭的！你們莫害我啊！」

眼看這黎胖子一直推託個沒完沒了，一旁的新軍成員蔡濟民衝動了！他突然拔起手槍，然後對準自己的腦門說：「黎大人，你不當都督，那我們死定了！你要是不答應，我這就自殺！」

黎元洪鬱悶了，你要自殺與我何干？但這句誠實話說出來，只怕眼前這一票將士個個要翻臉，所以他只好說：「拜託你不要自殺，但我也不想跟你們混，你們莫害我啊！」

此時，共進會成員李翊東也衝動了！他拿出手槍，這次卻對準黎元洪並拍桌罵道：

「黎元洪！你如此難纏，再與我們作對，就讓你吃子彈！」

李翊東。

而同盟會成員張振武，則把吳兆麟拉到一旁說：「這次革命，雖將武昌全城占領，但清朝大官全逃了，未能殺一人壯聲威。如今黎元洪既然不肯支持革命，又不受同志抬舉，不如將他斬首示眾，揚威革命軍名聲，那不是更好！」

吳兆麟就差沒對張振武翻白眼說：「好你個頭！真把他砍了，誰來領導大家啊？」

眼見情況僵持不下，他只好一面安撫情緒激動的眾人，另一方面則先安置黎元洪。問題是：武昌城此時人心不安，急需要有人領導，總不能無限期地和黎元洪「盧」下去吧？

到底該如何使黎元洪答應呢？

這時，之前亮槍拍桌的李翊東，突然露出了詭異的笑容：「嘿，我有辦法逼黎元洪就範。」

＊＊＊

黎元洪忐忑不安地在房裡踱步。三天過去了，革命黨還是把他關在房裡。雖說每日餐點沒少過，態度也挺客氣，「可是這不就代表他們還是想要我黎某人當都督嗎？唉~到底何時才能自由啊？」

「揖呀~」開門聲吸引了黎元洪注意，是吳兆麟和李翊東來了。

吳兆麟問：「黎協統，不知你考慮得如何？」

黎元洪說：「還是那句老話，我真的不想當都督。你們莫害我啊！」

李翊東卻說：「可是你已經是我們的都督啦！」隨即展開一張〈中華民國軍政府鄂軍都督黎布告〉的文告。

黎元洪倒抽了一口氣說：「你們用我的名義發革命文告？」

李翊東得意地說：「不只如此，我還幫你蓋了印，替你簽了名；全城同胞都以為這文告是你發布的，所以民心就安穩啦！而且這文告可是已經傳到朝廷那裡去了。」

黎元洪簡直要昏倒了！「你說朝廷看到了這文告？」

李翊東說：「是啊！現在朝廷那邊也認為你是咱們『湖北軍政府』的都督了。」

吳兆麟說：「既然現在朝廷也認為你是我們的同黨，加入我們是造反！不加入我們也是造反！就看你的意思了。」

竟然用偽造文書這種陰招搞我！黎元洪徹底鬱悶了！他一時之間說不出話，可眼看自己已被逼上梁山，只好說：

「也罷！帶我去司令部吧！」

正當黎元洪要走出門時，迎接他的革命軍成員卻說：「都要當我們都督了，那辮子得剪了。」

原來這時的黎元洪還留著清朝的髮辮，要是底下士兵看到自己的指揮官還留著清朝的象徵，那可不是一個好印象啊！

黎元洪也很乾脆地說：「拿剪刀來！」

咔嚓！從剪斷髮辮的這一刻開始，黎元洪終於看開了！

他不再是清朝的協統，而是革命軍的都督；隨著邁出的步伐，他也就此登上了歷史的舞台！

陽夏之戰

早在黎元洪答應擔任湖北軍政府都督之前，革命軍已經擴大了起義行動；十月十一日，也就是起義成功後的隔一天，革命軍立刻渡江占領漢口、漢陽，掌握了武漢三鎮。

面對如此大的劇變，清朝也緊張了。

北京紫禁城內，攝政王載灃焦急地問：「你們說，該由誰平定亂黨？」

大臣們彼此對看，然後徐世昌走出來說：「微臣推薦啟用袁世凱平定亂黨。」

一聽到昔日死對頭的名字，載灃當場變臉，隨即冷冷地說：「難道除了袁世凱就沒別人可用？」

徐世昌不卑不亢地說：「我大清主力——北洋六鎮，是由袁世凱一手訓練出來的，若是由他領導，定能讓將士用命，迅速平定亂事。」

載灃說：「我大清人才濟濟，不差一個袁世凱。」

原本沉默的慶親王奕劻，也站出來說：「奴才贊同徐大人的意見。」

載灃心中暗罵：「就知道你個老傢伙會幫袁世凱說話！你倆以前就彼此暗通，只怕打從袁世凱下野的那天起，你想要他回來的念頭就沒停止過！」但他稍微按捺心中的怒氣，說：「我覺得廕昌辦這事挺合適的，他是皇族的人，又去過德國留學軍事，由他統領軍隊平亂吧。」

隆裕太后（中坐者）

本該負責決斷的小皇帝溥儀自顧自地玩耍著，他不懂也不了解，他的親爹正在跟一群老人商量什麼；所以載灃這話，其實是說給隆裕太后聽的。

隆裕太后，葉赫那拉氏，是掌握中國政治四十餘年的慈禧太后的姪女，也是光緒的皇后。在老公跟阿姨去世後，由她掌握後宮大權並代表皇族的立場。

面對攝政王載灃，也就是光緒的弟弟、自己的小叔，她硬是端起架子說：「那就派廕昌吧。」

臨危受命的陸軍大臣廕昌，開始宣布一道命

令：「陸軍第四鎮及混成第三協、十一協為第一軍，由蔭昌率領；以陸軍第五鎮為第二軍，由馮國璋率領；大軍利用京漢鐵路南下，趕赴前線平定亂黨！」

就這樣，北洋六鎮、湖北新軍，這兩支清朝戰鬥力最強的部隊，即將在漢陽、漢口（古名夏口）正面對決，這正是決定中國命運的「陽夏之戰」。

奕劻。

激戰劉家廟

當北方調動軍隊的同時，先前被起義軍擊敗的湖北第八鎮新軍統制——張彪仍未死心。他在退出武昌城後慢慢收攏二千人左右的殘軍，之後駐紮在劉家廟車站。這裡是北京進入漢口的重要鐵路據點，只要能守住，清朝的北方援軍隨時可以藉由搭乘鐵路的方式趕來武漢三鎮支援。

湖北軍政府也察覺到劉家廟的重要性，於是立即命令革命軍進攻。此時的革命軍，除原有的三千名新軍戰力外，還徵召了武漢三鎮的市民，使得總數上升至二萬人。為了搶下戰略要地，革命軍派出原新軍成員謝元凱為步軍指揮、孟華臣為炮隊指揮、熊秉坤、蔡濟民等人為參謀。他們率領精銳部隊趕赴前線，於十月十八日進攻劉家廟。

戰場上，士氣如虹的三千名新銳革命軍ＶＳ.剛打敗仗的二千名清朝殘軍展開對決，面對如此劣勢，革命軍進攻一陣子後，張彪的清軍立馬支持不住。

「弟兄們！再加把勁！把清兵趕出漢口！」

當革命軍亢奮地發出勝利宣言時，張彪則說：「弟兄們！堅持住！必有援軍幫助我們！」

革命軍占領劉家廟車站。

聽到張彪的言語，越發支持不住的清軍滿腔疑問：「援軍？這附近所有的軍隊都已經聚集在此了，哪來的援軍？」

正當勝敗即將確立之際……

轟！轟！轟！

數發重炮突如其來地落在炮火革命軍的陣地，宛如死神揮舞鐮刀一般收割性命。對清軍而言，這卻是及時的救援信號。張彪指著長江水面，像是「移動長城」的十多艘軍艦，興奮地吶喊著：「我們的援軍來了！」

那是大清的長江水師，而在旗艦的艦橋上，海軍總司令薩鎮冰沉著地下達命令：「傳令各艦，以最大速度進行連射。開火！」

「想不到清兵的水師這麼快就來支援……」

武昌起義時，在戰場指揮炮兵作戰的黎元洪及參謀。

本來勝券在握的革命軍士氣頗受打擊，半路殺出的薩鎮冰，利用水師強大的炮火加上張彪的乘勢反擊，使得革命軍由勝轉敗。

「我軍缺乏重武器，無法炮擊對方水師，可對方的重炮卻能重創我軍，若是我們無法突破對方水陸二軍的支援，等到對方大批援軍趕到，我們就陷入被動局面了。」

軍事會議中，孟華臣提出了當前困境，但謝元凱卻頗有信心地說：「對方的炮火雖猛，仍然有其極限，明日我們改道再次進攻，盡量拉長與水師的距離，減低損傷。」

於是第二天（十月十九日）天未亮，革命軍就沿著精心安排的進軍路線，再次向劉家廟發起攻擊！

「該死！對方竟然避開了水面上的炮火！」

眼看革命軍逐漸逼近，張彪只能下令：「趕緊進入鐵路旁的棚戶區！利用建築物當遮攔，給我拚命守住劉家廟！」

江上的薩鎮冰也下令：「傳令各艦，繼續開

炮牽制敵軍，能不能守住劉家廟就看咱們的表現了。」

劉家廟戰場上，清軍雖然落下風，但依舊維持戰線頑強抵抗，而革命軍即使加強攻勢，卻仍無法有進一步的突破。如此僵局，到了中午開始有了變化……

起先是革命軍中的一個疑問：「你有沒有注意到？對方的炮火似乎變少了？」

「欸？江上來的炮火的確減弱不少，莫非……我知道了！對方彈藥即將用盡，所以即將要停止射擊換軍火了，趕緊乘機進攻吧！」

此時蔡濟民突然說：「我還有一個更好的辦法！」

面對大家詫異的目光，蔡濟民只說了兩個字：「火攻！」

雄！

張狂的火舌被革命軍燃起，致命的陣陣濃煙向清軍逼近，加上原本倚賴的水師也露出疲態，一直死撐的張彪無能為力地說：「快撤！」

其實也不用等他下令，清軍陣形已然崩潰，革命軍終於占領劉家廟；張彪則在士兵的掩護下離開戰場，也離開了一九一一年的中國歷史舞台。不過相比一人，他對大清可說是鞠躬盡瘁、竭心盡力。

「大勢已去！快撤！」

本該指揮一切的湖廣總督瑞澂，先是在起義當晚棄城而逃，後在劉家廟之戰，竟率先下令楚豫號軍艦開離戰場，逃往上海。這使得清軍在陽夏戰場竟無任何一位高級指揮官，陷入了崩潰的局面。

致命的內鬼

「攻擊就是最好的防守！」

——《戰爭論》卡爾・馮・克勞賽維茲

對於根基不穩的湖北軍政府而言，難得清軍已經無法建立系統性的防禦，就應該利用連戰皆勝的高昂士氣繼續進攻，使戰場能盡量遠離武漢三鎮並號召各地反清勢力加入。

而黎元洪也證明，他能當上革命軍領導的確有兩把刷子，因為他迅速下達正確的戰略進攻指令：「命原湖北新軍標統——張景良，為漢口前線總指揮，繼續進攻清兵下一個據點——灄口！」

灄口位於漢口的北方，兩者之間隔了一條漢北河，若能拿下灄口，革命軍就可以徹底封殺清朝從京漢鐵路輸送援軍的計畫。而身為「標統」的張景良，軍階極高（相當今天的中校），只比黎元洪的「協統」低了一級，所以眾人都認為，這是非常合適的人事安排。

問題是：當張景良抵達漢口前線後，只跟幾個人寒暄幾句，並略為視察前線後……就、不、見、了！

What?大敵當前，怎麼前線總指揮神隱啦？

前線的革命軍幹部當場炸鍋了，連忙告訴後方：「指揮官失蹤了！怎麼辦？」

這消息傳到武昌，黎元洪也是氣炸了：「混帳！張景良這傢伙是跑去哪裡了？」

但沒等黎元洪查出個結果，越來越多的清朝援軍已經趕赴灄口，革命軍要是再不發動攻擊，就沒有機會了。無奈之下，黎元洪只能下令：「傳令前方，立刻對灄口展開攻擊！」

接到命令的革命軍，雖然無人指揮，但以湖北新軍為主的精銳，仍散發出征戰沙場的殺氣衝擊清軍陣營，只是迎接他們的卻是……

「一隊向前，目標：前方叛軍。上膛，射擊！」

咻！咻！咻！

規律且整齊的連射，輕而易舉地粉碎革命軍的攻勢，看到對方熟練的戰技，革命軍眾多幹部心中一凜：「晚了！北洋軍已經趕到前線了。」

清朝的北洋軍在十月十二日接收到命令後，立刻利用京漢鐵路於十月十七日在前線就位……咦？等一下！相信細心的讀者已經注意到：「劉家廟之戰的時間點是十八日至十九日，那十七日就抵達的北洋軍怎麼沒有參與戰事？要是投入這支中國最具戰力的部隊，革命軍只怕根本無法占領劉家廟啊？」

廕昌。

其實當時統帥北洋軍的陸軍大臣廕昌，他的確有下令北洋軍進攻，可是他發現，自己根本指揮不動。

不管他是好言相勸，或是威脅壓迫，當時北洋軍的領袖馮國璋總有各種藉口，像是：軍餉未給付、武器沒到位、軍隊長途跋涉需要休整……藉由諸如此類的說法推拖拉，搞得廕昌火冒三丈！

這時可能有讀者說：「廕昌為何不把馮國璋撤職趕回老家去，如此就能接手部隊直接指揮啦？」

其實廕昌有動過這念頭，但他無奈地發現……沒有馮國璋，他更無法駕馭這支部隊！因為北洋軍的許多中下層軍官，是由馮國璋一手提拔任用，如果廕昌敢對馮國璋動手動腳，說不定這些中下層軍官會煽動底下小兵們譁變來聲援自己的老長官，若是被視為最後倚仗的部隊也出問題，大清估計就玩完了。

袁世凱任內閣總理大臣。

所以即便千百萬個不願意，廕昌這光桿司令只能乾瞪眼，看著馮國璋怠忽職守。而馮國璋在跟廕昌搞不合作運動之餘，則在等待能讓他真正大顯身手的時機。

於是從十月二十日到十月二十六日，指揮官鬧失蹤的革命軍，和指揮官唱反調的北洋軍，彼此隔著漢北河，加強防守展開對峙，而這詭異的平靜則因一個人的到來而打破。

「奉天承運，皇帝詔曰：著湖廣總督、內閣總理大臣袁世凱為欽差大臣，親赴前線節制全軍，平定亂黨。」

隨著聖旨的頒布，蔭昌只能拱手交出軍權，或許他心想：「北洋軍也就只有這位昔日的建立者能指揮得動吧！」

而隨著袁世凱的出現，將為已經混亂的局勢添加令人始料未及的變數。

* * *

早在袁世凱抵達陽夏戰場的前一天，清朝海軍統制薩鎮冰就親自把舵，引導巡洋艦開始重炮轟擊革命軍。察覺到對方即將發動大規模進攻的革命軍，則在戰場上展開陣形以防止清軍突破防線。正當大戰一觸即發之際，先前失蹤多日的革命軍張景良出現了！

眼看大敵當前，眾人一時之間沒跟他計較，於是張景良發布命令：「準備迎敵！」

另一方面，馮國璋則下達指令：「開戰時與江上水師配合，炮隊先行轟炸，等到對方陣形不穩，步兵立即衝鋒！」

十月二十七日。

在江上的薩鎮冰以及陸上的馮國璋交換完訊號後，發出同樣的命令：「開火！」

轟！

昔日清朝最強的兩支新軍部隊開始在劉家廟展開交鋒，首先大顯威風的，是北

洋軍的克虜伯五點四釐米炮；此炮雖然不以威力著稱，但勝在精準度高，所以每當它發出一次咆哮，就會對革命軍陣形造成不小的動搖。

「對方火炮兇猛，炮隊趕快上前迎擊，提供掩護！」

正當革命軍架好炮火正準備還擊時……

「情況不對！快撤！」

所有人驚愕了，因為說出後撤令的人，竟是總指揮官——張景良！

「我說：快撤！撤！撤！」

張景良不但發狂似的強調命令，而且領著指揮部首先從前線後退，讓混亂迅速蔓延至全軍，形成無秩序的潰逃。

戰場經驗老到的馮國璋怎可能錯失良機？他立刻下令：「對方陣形已亂，傳令，開炮後衝鋒。」隨著口令，眾多克虜伯五點四釐米炮發出齊射，炮彈精準地落在射擊革命軍的炮兵陣地中……

轟！

「華臣！」

革命軍步兵指揮謝元凱眼睜睜看到，前些時刻一起廝殺戰場的炮隊指揮孟華臣以及諸多戰友被炸成齏粉，當即一聲狂吼：「不要退！」他聚集士兵，揮舞大刀向著北洋軍對衝：「去死吧！」憑著過人的肉搏戰技巧加上駭人的暴戾殺氣，謝元凱硬是在北洋軍前鋒砸出一個缺口。

可是馮國璋對此，只是簡潔地發出命令：「打！」

面對北洋軍的反撲，謝元凱身旁的同伴一一倒下，他本人則不由自主地被逼退，但他仍不甘勢弱地揮舞大刀：「殺！殺！殺！」直到眼前出現一排舉槍的北洋軍……「上膛，射擊。」

咻！咻！咻！

煙硝過後，北洋軍不帶絲毫情感地踏過屍體前進，他們衝破劉家廟防線，並打下漢口市區的外圍防線，準備進一步收復武漢三鎮。戰敗的革命軍，還來不及哀悼包含謝元凱、孟華臣這些昔日湖北新軍成員的陣亡，他們就發現一個驚人的事情：「有人看到指揮官張景良私底下跟兩位清朝特使聊天ㄟ。」

指揮官跟人聊天，很正常；指揮官跟敵人聊天，不大正常；指揮官私底下跟敵人聊天，那絕對有鬼！眾人當場把張景良給綁了，接著喝問：「說！你到底在幹些什麼？」

張景良也非常老實地表示：「我從頭到尾都效忠清朝，怎麼可能幫你們這群亂匪賣命！」

原來張景良從頭到尾就是清朝的內鬼，首先他故意失蹤，讓革命軍喪失進攻良機，之後特意現身，只是為了搞破壞，眾人給他的待遇很簡單……去死吧！

據清史稿紀錄，張景良在死前大喊：「某今日乃不負大清矣！」這位清朝內鬼以自身性命，成功地讓革命軍崩潰。

前線指揮官通敵遭處死、精銳死傷殆盡且潰不成軍、漢口遭敵方重炮轟擊……

噩耗如同雪花紛飛而至，這讓湖北軍政府的成員越加沮喪恐慌，都督黎元洪更是如此。

「我怎麼會讓張景良這內鬼當指揮官？現在戰況吃緊，原本軍中有威望的高級軍官死傷殆盡，難不成要我這個都督親赴前線？可眼前的對手是北洋軍，就算親上火線，也難有勝算……」

正當黎元洪煩惱之際，一個傳令兵雖滿臉灰塵，可難掩喜悅地衝到他身旁說：「報告都督，他來了！」

黎元洪不耐煩地問：「講清楚點，誰來了？」

當傳令兵講出人名時，聽到消息的眾人先是一愣，然後無法控制地歡呼！

至於黎元洪聽到「他來了」則是憂喜參半。喜的是，只要這人出現，革命軍必士氣大振；憂的是，看到大家對此人的支持，不禁讓他感到自己的地位動搖了……

「罷了！此時先退強敵，再做打算。」

黎元洪立刻叫來底下的軍需官交待：「快去弄幾面大旗，寫上這幾個字，另外叫人扛著大旗，在武昌城內外轉圈。記住，越張揚越好，讓所有人知道『他』來了。」

軍需官看到黎元洪手信上的三個字，整個人立刻興奮起來，並回應：「得令！」

不久，兩面紅底黑字的大旗開始飄揚在武昌的戰場。

「大家快看！」

「弟兄們，我們的救星到了！」

不管身處何種情況，看到大旗的民眾還有士兵們的血液全都沸騰起來，因為那三個字代表著過往眾多熱血的事蹟，以及現在無窮的希望。

只見大旗上寫著……黃興到！

第二章

八指將軍黃興 vs. 北洋大將馮國璋

讓我們把時間倒回到十月十一日，也就是武昌起義成功後的隔天。

「什麼？武昌新軍起義成功了？」上海的同盟會中部總會裡，宋教仁驚訝地聽著急報。

「是啊，聽說湖廣總督出逃，起義部隊已經攻占武昌。」

「太快了、太快了……」宋教仁忍不住喃喃自語，起義成功固然是好事，可是被迫提早進行的結果，使同盟會的重要幹部來不及按原定計畫會合。接下來的消息，包括：蔣翊武、孫武不在起義現場，非革命黨的黎元洪成為革命軍都督，清廷重新啟用袁世凱鎮壓革命……這些消息更讓宋教仁感到局勢的混亂。

「立即和武昌的同盟會成員居正、譚人鳳聯繫，我們要趕往武昌參與大局。」

剛下完命令，宋教仁立即想到：「此去武昌必有一番激戰，包括我在內，身旁沒有一個人有軍事才能，所以一定要聯繫克強，這種場合無他不可。」

隨著武昌起義的消息傳遍中國和海外，距離廣東極近的香港也接到了風聲，此時一個胖子正激動地看著眼前的電報：「望兄早日赴鄂，主持大局。」

黃興仰天大喊：「遯初（宋教仁的字）！你我等待的時機，終於來到了！」

十月二十八日，此時黃興跟宋教仁這兩位同盟會領袖已經身處武昌城畔的長江之上。

「據消息指出，革命軍在前線似乎無人指揮，這樣面對北洋軍，恐怕不是對手。」

黃興聽到時有時無的炮火聲，開始討論起眼前戰局的形勢，宋教仁不由得感慨：「可惜蔣翊武、孫武沒能即時掌控軍隊，不然就可以由他們指揮前線。」

黃興說：「好在遯初你已經成功勸阻列強，使他們保持中立，不然聽說他們本來要跟韃子合作，若真是如此，這場起義恐怕撐不到我們參與。」

宋教仁笑著說：「我只是在上海寫了幾篇文章，製造輿論而已。聽說讓列強保持中立這件事上，黎元洪跟湯化龍都出了不少力氣，尤其是湯化龍，此人在憲政體制上有卓越的見解，這次去，一定要跟他好好商議討教一番。」

看著目的地越發接近，黃興豪氣萬丈地說：「這次定要完成革命的志業！遯初，戰場上的事情交給我；至於戰場以外的事情，全靠你維繫了。」

＊＊＊

武昌江岸，黃興一下船，就看到黎元洪率人親自迎接。

「他就是黃克強（克強是黃興的字）？」

黎元洪不自覺得看向黃興的右手，正如傳聞，只有三根指頭，那是他在前一陣子的黃花崗起義中付出的代價。

「黎都督，幸會。」

黃興熱情地伸出手致意，黎元洪也伸出雙手緊握住他的手：「克強來得好！我正愁無人可掌握大局，現在這革命軍總司令的職位，非你莫屬。」

黃興說：「宋卿兄別這麼說，黃某萬不敢當。」

「當得，當得，這總司令位置非你莫屬。先不說這個了，克強一路趕來，在下擺了一桌酒席特地為你接風。」

正當黎元洪要跟黃興攜手前往酒樓，黃興卻說：「黎都督，黃某想先趕赴前線，視察戰況。」

黎元洪呆了一會兒，隨即大笑道：「好！果然不愧是黃克強！先公後私，這下革命軍前景有望了。」

黃興抵達武昌的消息，不久也傳入北洋軍營中。

「報告馮總統（總統為清朝軍制中的官名，可不是現在大家熟悉的總統喔），根據消息，革匪首領黃興，已經到達武昌。」

「黃興？」

馮國璋不禁抖動一下眉頭，北洋軍幕僚則議論紛紛：「黃興？那個廣州叛亂中的黃興？」

「聽說他深讀兵法，並學會軍事，是革匪中最能打的。」

「還聽說此人在叛亂中親上火線，連斃數人勇猛異常，連手指都被打掉兩根，還有人稱他為『八指將軍』哩。」

啪！

馮國璋拍桌的響聲，立刻讓交頭接耳的幕僚不敢發話。他先看著自己的部下，然後說：「看看你們那副德性，一個黃興，有什麼好怕的？讓你們像個娘們似的嘰

居正。

嘰喳喳！黃興，我也聽過他的名字；不錯！他很勇猛，但勇猛跟帶兵是兩回事。革匪每次叛亂規模最多幾百人，黃興的作戰經驗，也就是幾百人間的互搏，了不起就是一個優秀的敢死隊隊長，豈能和歷經數萬軍隊搏殺的我們相比？莫說他一個黃興，就算所有革匪來了，我又有何懼？」

馮國璋霍然站起喝道：「調動三軍，進攻漢口。我要先給黃興一個下馬威！」

海軍提督的決意

十月二十九日，北洋軍分別從東面及北面，開始進攻漢口。已經在劉家廟之戰被重創的革命軍進行些微抵抗後，馬上敗逃至漢口市區，同一時間，黃興抵達漢口前線。

「部隊在哪裡？敵人怎麼攻？」

聽到黃興的疑問，立刻有人彙報：「部分部隊正從漢口北方退下來，而這幾天所招募的義勇軍，則分布在漢口市區各處。對方主力從北面進攻，另一支部隊包抄東面，看來是要切斷我們從東面退往武昌的可能。」

黃興約略看了戰場地圖後，隨即下令：「讓撤退的部隊持續後退好誘敵深入，並與其餘部隊布置成『凹』字形進行三面夾擊，讓我們利用地形熟悉度，跟對方打一場巷戰。」

面對革命軍的頑強抵抗，馮國璋皺起眉頭，他原以為叛軍主力已被擊潰，所以漢口市區應該能輕易拿下。誰知對方竟然龜縮在市區內死撐，使北洋軍面對漢口盤根錯雜的街道，往往搞不清方向，接連吃了幾次悶虧。

馮國璋煩躁地吼著：「不是叫你們聯繫江上的水師，讓他們提供火力支援嗎？到底現在狀況怎麼樣！」

底下軍官趕忙派人催促消息，但傳回來的消息卻是：「薩統領表示：開炮只會擊中民宅，濫傷無辜，他們無法提供支援。」

馮國璋罵道：「就知道水師靠不住！」

突然他笑了：「哈哈，就該這麼辦！之前叛軍不是在劉家廟用過這招？現在我們來個『以彼之道，還彼之身』。」

然後他對著底下的軍官說：「傳令下去，火攻！」

雄！

焚城大火，逐漸逼近；所到之處，無不狼藉。

黃興看著這座曾經繁華的城市，如今即將成為一片焦土，連忙下令：「別做無謂犧牲，部隊聽令，撤往漢陽。」

看著部隊露出明顯經驗不足的動作，他呼了一口氣：「接下來，還有更難的關頭啊。」

看著焚城大火的，不只馮國璋及黃興，長江之上，清朝海軍司令薩鎮冰不由得喃喃自語：「同胞相殘、同胞相殘……」然後他打開了手中的那封信。

幾天前。

湖北軍政府的謀略處（後改名參謀部），眾人正討論：「清朝的水師炮火猛烈，要是不想辦法解決，不但我們陸上部隊會被威脅，武昌與漢口、漢陽也無法暢通地聯繫或運輸。」

都督黎元洪默默聽著戰局的討論。

「我們嘗試過要策反水師，但薩鎮冰似乎對清朝相當死忠，幾次派去的使者，他根本沒什麼接觸，就把他們轟回來了。」

薩鎮冰。

聽到此處，黎元洪笑了！接著說：「這件事還是讓我來處理吧。」

看著參謀們訝異的眼光，黎元洪說：「早在來湖北之前，我曾就讀水師學堂，那時薩大人是我的老師；後來我曾支援北洋水師，那時薩大人是我上司。我了解這人不能動之以利，只能曉之以理、動之以情。要他叛離清朝不可能，但要他不妨礙我們，我倒有八成把握。」

十月三十一日，漢口即將被北洋軍攻占，看著焚城大火，薩鎮冰拆了昔日學生黎元洪寄來的信。

「……今民心向背，朝廷已失人心，但見同胞相殘，於心所不忍……」

薩鎮冰的手下對著惆悵的提督詢問：「長官，我們怎麼辦？」

他看著眼前的部下，下定決心地說：「我要走了，其他的，你們自己看著辦吧。」

十一月一日，這天馮國璋收到兩個消息。

第一個消息：「速報，漢口已被我軍拿下。」

就在馮國璋得意時，第二個消息卻瞬間讓他僵住：「急報！水師統領薩鎮冰與水師眾人話別後，自行離開戰線，隨後水師艦隊駛離長江，我們失去江上的支援了。」

馮國璋沉默一會兒，然後……放聲怒吼！

「薩鎮冰！好，你走！我要讓人知道，就算沒有水師，光憑我北洋軍也足以鎮壓一切！」

黃興的奇襲

十一月三日，黎元洪代表湖北軍政府，在武昌閱馬場舉行拜將儀式，正式讓黃興擔任革命軍總司令，接手指揮陽夏之戰。

其實黃興很清楚，雖然湖北軍政府不斷徵兵，加上湖南部分部隊加入革命行列，但面對北洋軍，無論人數（二〇〇〇〇革命軍VS北洋軍六〇〇〇〇）、素質（臨時招募的民軍VS職業軍隊）、武裝（革命軍大部分持國產武器VS北洋軍持德式武器）、士氣（連戰皆敗VS節節勝利）……皆遠勝於己，所以現在最重要的任務，不是取得勝利，而是儘可能死撐著將清朝主力拖在陽夏戰場。

此刻中國各地風起雲湧，除了湖北外：

十月二十二日，湖南脫離清朝獨立。

十月二十二日，陝西獨立。

十月二十三日，江西獨立。

十月二十九日，山西獨立。

黃興。

十月三十日，雲南獨立。

只要北洋軍被困住而無暇他顧，其他地區將會接連反抗，使清朝逐步失去對全國的控制。不過這一切都要先撐過北洋軍的攻勢，所以……開打吧！

十一月三日，漢陽之戰爆發。

有關戰爭內容，老ㄕ不想多加描述，因為用兩個字就可以說明一切：「死撐！」

黃興發揮他不怕死的精神，總是現身最前線激勵士氣，並儘可能利用現有資源，加上倚仗漢陽北方擁有山區的地形優勢，進行抵抗。

馮國璋則很有耐心地不過多推進，而是利用火力優勢對準革命軍猛轟，他的目的很簡單：「先耗損革命軍力量，等時機成熟再一口氣突破。」這使革命軍每天需以數百甚至數千的陣亡人數，才能拖延北洋軍的進攻。

這段時間，十一月三日，同盟會陳其美占領上海。

十一月四日，浙江獨立。

十一月五日，安徽獨立。

十一月五日，江蘇獨立。

十一月六日，廣西獨立。

十一月九日，福建獨立。

這些消息雖然讓黃興振奮，但眼前的戰況卻讓他沮喪，因為隨著馮國璋的消耗戰術奏效，漢陽……快、守、不、住、了！眼看情勢逐漸危急，此時黃興卻想出一個「怪招」。

十一月十六日的晚上，這天天氣很不好，下著滂沱大雨。

駐紮在漢口的清軍受不了這濕冷的天氣，大多躲在民房中烤火取暖。大江之上，卻有好幾艘革命軍的船隻，趁著大雨及夜色的掩護，迅速搭成了浮橋靠上漢口西岸。

「攻擊！」

隨著黃興在馬上抽出軍刀下達命令，革命軍瞬間爆出喊叫聲，向著漢口搶灘登陸，展開攻勢。

「什麼？你說叛軍進攻漢口？」

駐紮在漢口的馮國璋先是因殺伐聲感到錯愕，接著他聽到手下傳來急報。

「叛軍已經從漢口西岸登陸，人數可能破千，現正往指揮部這裡殺過來，而且後續似乎還有部隊增援！」

馮國璋不禁喃喃自語：「圍魏救趙？這黃胖子太莫名其妙了！漢陽都快守不住了，按常規，應該收縮兵力、加強防守自保，結果這死胖子竟然還分兵突襲漢口？」

他趕緊下令：「部隊增援玉帶門！那是叛軍的必經之地，先在正面阻擊，沿江部隊則攻擊側翼截斷對方後路，阻止叛軍的兵力增援。」

馮國璋。

「殺啊！」

衝在前頭的革命軍很興奮，一直以來都是他們被打得灰頭土臉，如今曾經跩個二五八萬的北洋軍卻在眼前逃竄，正當他們抵達玉帶門要衝進漢口市區時……

轟！

北洋軍的克虜伯五點四釐米炮發出咆哮，

登時將先頭部隊轟個四腳朝天，後頭在浮橋上的部隊也不好受，因為他們的側面受到機關槍的掃射。

「唉呀，我們敗了，趕快後退啊！」

後續部隊稍稍受到損傷，馬上爭先恐後地撤回江上，黃興急著大喊：「不許後退，大家向前衝！」

無奈部隊仍一窩蜂地撤退，使得這場搶攤作戰最終在六百多人傷亡後宣告失敗，不僅喪失可貴的戰力，還進一步傷害已經低迷的士氣。

「功虧一簣啊！」

黃興心想：「如果是有經驗的軍隊，絕對會利用北洋軍難得的鬆懈繼續擴大戰果，而不會因為一點炮火阻擊就胡亂撤退。可現在自己手底下的革命軍，根本是一群沒見過場面的老百姓，就算有再好的謀略，也無法忠實執行……」

黃興憤然拍桌：「不，不能因此放棄！戰爭還沒結束，我們還有機會。」

錯愕的轉折

十六日的搶灘計畫失敗後，黃興又試圖組織部隊，進行另一次對漢口的偷襲作戰。

可馮國璋豈會栽在同樣的計謀下兩次？第二次的搶灘，革命軍連漢口都沒摸上邊就被打回來，戰力衰弱至極的他們只能守著漢陽北部，也就是由仙女山、美娘山、鍋底山……等山丘構成的至高點防線。

馮國璋卻不讓對方喘息，十一月二十一日，他集結部隊下令：「兄弟們，給我拿下這幾座山頭！」北洋軍毫不費力地攻破防線拿下漢陽，黃興只能率領革命軍餘部撤退至武昌。

此時馮國璋仰天大笑：「長江隨時可渡，武昌唾手可得！」

但在幾天後，馮國璋卻接到指示：「按兵不動，不要攻下武昌。」

黃興撤回武昌後，立刻向湖北軍政府建議：「現在漢口、漢陽已失，武昌喪失外圍防禦，變成易攻難守之地，不如大家跟我一起率領軍隊沿長江而下攻取南京……」

「等一下！」

同盟會成員張振武打斷了黃興的談話：「武昌是首義之地，意義非凡，若是被攻下，將使革命士氣重挫，所以無論如何都要死守，黃司令怎能在這時輕言離去？」

黃興說：「黃某並非輕言離去，實在是武昌難以防守，若是死守只會造成重大傷亡……」

「咱們湖北人從來不怕死！」

同盟會成員譚人鳳質問：「黃克強，你怎能說這話？你是不是沒膽啊？」

另一位同盟會成員范騰霄也起身發言：「贊成死守武昌的請舉手！」

語音未了，幾乎全場站立鼓掌，並高喊：「咱們誓守武昌！」

看到眾人的喧鬧，宋教仁暗中嘆息：「唉！克強太誠實了，他只注意戰場上的形勢，卻不知戰場外的變化。」

原來在陽夏之戰打得火熱之際，革命勢力的內部，竟出現爭執的議題：「未來共和政府的中央所在地，到底要設在哪裡？」

本來武漢三鎮作為首義地區，一直被眾人認為是革命政府的中樞，所以即便陽夏地區正在熱戰，各省革命代表還是應黎元洪等人的邀請來到武昌，準備共商成立共和政府的大事。

可是當十一月三日，同盟會成員陳其美攻下政經中心的上海後，就有人提出：「不如在更安全的上海召開各省革命代表大會吧。」

兩湖人士不樂意了，因為當時的人都認為：「革命代表大會在哪裡舉辦，那裡就會是未來中央政府的所在地（如同美國獨立宣言在費城制定，費城就成為當時人們心目中的首都，是同樣道理）。」

起義是他們開頭，結果竟被其他人搶走未來領頭的地位，情何以堪？所以黎元洪等兩湖人士堅持：「各省革命代表必須在武昌開會！」

眼看就要內鬨，雙方最後妥協為：「各省代表還是來武昌開會，但每一省再選出一位『留守』前往上海。」

雖然這和稀泥的一招避免了衝突，可樑子卻已結下，所以當黃興一提出「放棄武昌前進南京」的主張，湖北軍政府眾人的口水，就撲天蓋地噴向黃興，連譚人鳳、張振武這幾位兩湖籍貫的同盟會成員，也對副會長黃興不諒解。

眾人甚至逼問他：「就問一句話：你願不願意留下來和大夥一起誓守武昌？」

過了良久，黃興說：「如果大家堅持防守武昌，黃某也只能尊重各位，但我將自行前往上海。不過各位放心，只要東南局勢穩定，我立刻率兩萬精兵沿江西進，重返武漢三鎮支援各位……」

「黃克強，你少來！你要走沒人攔著你，但你也別指望回來還可以指揮我們！」

就這樣，因患難而連結的眾人，因著更大的患難而分歧。會議過後，黃興東渡上海，從此再沒能重返武漢戰場，革命軍接著推舉蔣翊武（他老兄是在十月十二日趕回武昌的）為新的總司令，試圖抗擊北洋軍。

但也有些人早已士氣頹喪而逃離武昌，最著名代表，就是黎元洪（連都督都落跑，武昌城的情況有多糟，大家也就不難想像了）。當時沒人知曉武昌城是否能撐過北洋軍的攻擊……

但革命軍沒料到，在漢口的北洋軍大營也陷入劇變之中。

「芝泉，你跟我說，這命令不是真的！」

來者懷著些許惡意的笑容答道：「華甫（馮國璋的字），這命令是真的，袁宮保（袁世凱的稱呼之一）有令，讓你速返北京接管禁衛軍。」

馮國璋氣得開罵：「你可知道，武昌城的淪陷於我而言就如探囊取物，只要攻下武昌，我就能拿個伯爵了！」

來者答道：「你就是這般心急，宮保才怕你壞了大事。我告訴你，這事一成，

你所獲得的就不只是伯爵了。」

「所以總統（袁世凱以前的職稱）才派你來，接手我的部隊？」

面對馮國璋帶有情緒的反問，來者笑意更加濃厚。

「除了士珍及我，還有誰能取代你的統兵能力呢？」

當時威壓中國的北洋軍將領中，有三人最受到袁世凱的倚重，因此被時人稱為「北洋三傑」，並各以龍、虎、狗作為他們的稱號。

狗者，重誠摯，正是全然信任袁世凱的馮國璋；龍者，深不可測，乃是袁世凱身旁的隱晦策劃者——王士珍；而來者，正是北洋三傑中的第二人，也是日後僅次於袁世凱的北洋大人物……重威勢、掌人心的虎者——段祺瑞！

（上）王士珍；（下）段祺瑞。

第三章

梟雄崛起

清末民初的關鍵人物——袁世凱

敘述至此，讀者們或許會感到好奇，在老ㄕ的敘事當中，袁世凱簡直可以用「神出鬼沒」來形容。提到革命黨人時說到他，提到清朝官員時也說到他，這究竟是怎麼一回事？

畢竟他在國中歷史課本中，只在武昌起義後才登場，接下來事蹟就是暗殺宋教仁、鎮壓二次革命、廢除臨時約法使自己變為超級總統，之後不顧時代潮流硬要當皇帝，落得憂憤而死的下場……

可其實袁世凱早在清末就已經是舉足輕重的人物，清朝重臣李鴻章曾說：「足智多謀，規模宏遠，環顧宇內人才，無出其右。」同時代的日本第一任首相伊藤博文也如此評價他：「四億中國人無出其右。」所以他才能累積足夠的能量，最終成為民國的掌權者，並在死後仍持續有著影響力，奠定民初好一段時間的政治格局。

因此我們有必要好好描述袁世凱的經歷，讓我們得以了解，從清末到民國，一個新時代究竟是如何展開。

朝鮮時代的袁世凱。

【袁世凱清朝時期的人生檔案簡歷】

姓：袁
名：世凱
字：慰庭
籍貫：河南省陳州府項城縣人，故又稱袁項城。
出生年月日：一八五九年九月十六日出生

十七歲
參加人生第一次科舉考試，落榜。

二十二歲
參加人生第二次科舉考試，又落榜。
之後棄文從武，加入淮軍吳長慶的部隊。

二十三歲
隨吳長慶部隊駐紮朝鮮。

二十五歲
平定甲申政變，任大清駐朝鮮總督，此後多次和日本及朝鮮交涉外交事務。

三十四歲
甲午戰爭爆發前夕，為逃避日本人追殺，裝病落跑回國。

三十五歲

開始小站練兵，自此掌握武裝實力。

三十八歲

在戊戌政變中，因向慈禧提供密報有功，升任工部右侍郎。

三十九歲

署理山東巡撫，鎮壓義和團，獲得洋人肯定。

四十一歲

署理直隸總督兼北洋大臣，成為各地疆臣之首，之後在任內推動多項改革。

四十八歲

調任軍機大臣兼外務部尚書，此時是聲望的最高峰。

五十歲

這一年他在政壇上的敵人光緒皇帝去世，隔天政壇上的靠山慈禧太后也去世，清朝由光緒的弟弟——攝政王載灃掌權。載灃本想為兄報仇，但在眾多大臣勸阻下，袁世凱最終以「腿疾」為由，被剝奪一切大權，並解職為民。

五十二歲

武昌起義成功，清朝重新任命袁世凱為湖廣總督、內閣總理大臣，鎮壓革命。

袁世凱的發跡

河南的項城是個窮縣，遇大雨就鬧水災、無雨時又鬧旱災，加上地質條件極差，連花生都無法種活，在這生活的農民，日子格外難過。所以若說從乾隆時期就在此世代為農的袁氏家族是三級貧民，倒也不為過。

但在道光十五年，袁氏家族的袁甲三歷經九次失敗（科舉三年考一次，所以這位老兄考了二十七年吶！），竟給他熬出頭考上進士；而甲三的兒子袁保恆，後來也考上進士，成績還是當年的前段班。自此袁氏家族鹹魚翻身，從苦哈哈的貧戶，成為項城縣的大戶人家。但真正讓甲三、保恆乃至整個袁氏家族得以躋身權貴之家的關鍵，卻非科舉功名，而是戰場功勳。

話說一八五三年，清咸豐三年，太平天國攻占南京；同時，另一股名為「捻」的勢力也開始興起。「捻」原指數十至數百人的馬賊團體，可在清末，「捻」卻成為擁有二十萬騎兵的強大勢力，首領張洛行更接受太平天國的指揮，合力在各地抗清。

由於清朝的國防軍主力綠營，早已腐敗、毫無作戰能力，非但每戰必敗，潰逃時還習慣搶奪民財，或是濫殺無辜充作敵軍當作獎賞。許多地方官員有感於這種垃圾部隊根本不足倚靠，因此自行募集同鄉子弟組成鄉勇來保衛家園。

袁甲三任職所在地安徽，以及家族所在地河南，都受到捻軍的攻掠，因此他也組織鄉勇部隊參戰；而他的作戰能力著實不差，數次擊敗敵軍，最後位至三品高官。甲三的兒子袁保恆更猛，同樣投入沙場的他，戰績強悍到清朝授與「巴圖魯」的稱號（滿語是勇士的意思），最後更位至二品高官。

正因袁甲三父子的戰場經歷，袁家與軍方維繫著不錯的關係，不僅讓眾多家族

子弟得以加入軍中獲得職缺及照料，更深深影響日後袁世凱的成長及發展（袁甲三為袁世凱的叔公，保恆則是堂伯父）。

＊＊＊

一八五九年（清咸豐九年）九月十六日，袁家有位嬰兒誕生。

那一天袁甲三正好寄信回家，說與捻軍作戰得勝，因此這嬰兒被取名為「凱」，紀念這次的凱旋，並按族譜為「世」字輩，這就是袁世凱的姓名由來。

他出生於袁家事業發達的上升期，青少年時由於擁有官三代的身家背景，所以生活闊綽、遊歷頗多、交友甚廣，過得很是得意，可有一件事讓他覺得很被打臉……考不上科舉。其實袁世凱的個性，喜動不喜靜，每次老師要他念書，他卻完全不理睬地直接往外尋開心去也。這樣的學習態度，使他參與的讀書會成員接連金榜題名時，他連科舉考試的第一關——鄉試都沒能通過。

一八七九年秋，袁世凱考鄉試又落榜，他火大地表示：「我不念了！我打算投靠吳叔，從軍去！」

袁世凱口中的「吳叔」，是養父袁保慶的結拜兄弟吳長慶（袁世凱的生父為袁保中，而保中看到自家兄弟膝下無子，於是將袁世凱過繼給袁保慶）。

吳長慶出身淮軍體系，此時領著「慶軍」駐紮在山東。面對遠道而來的袁世凱，他表示：「別以為官三代就有啥了不起，在我底下當兵要守軍規，不然結拜兄弟的兒子也沒情分可講。」

於是袁世凱在軍中徹底收拾紈袴子弟氣息，對於出操、射擊、辦理軍中雜務，樣樣盡心、處處精明，讓吳長慶頗為滿意：「倒是個可造之材！」

而在一八八二年，袁世凱更是秀出真本事，成就一件利國利己的大事。

那是清朝光緒年間，位處中日兩國勢力交界的朝鮮半島形勢極為緊張，深知雙方必有一戰的中日兩國不時在此爆發衝突。有一次，朝鮮京城的士兵因沒有領到軍餉發生暴動，為了控制朝鮮，清朝立刻命令吳長慶為朝鮮事務大臣，並率領慶軍入朝平亂。

吳長慶接到動員令後，馬上交待袁世凱：「聽說日本人也要率領部隊鎮壓朝鮮兵變，如果我軍晚到，將失去先機，所以你趕緊安排大軍前進朝鮮的各項事宜。」

袁世凱立刻抖擻起精神，先是選擇進軍路線、再來搞定隨軍物資及後勤補給，最後更準備好地圖嚮導，在如此精心安排下，吳長慶的部隊搶先日本人兩天抵達朝鮮平定亂局，使日本人無法趁亂擴張勢力。

等到朝廷要對吳長慶論功行賞時，吳長慶表示：「這次平定兵變，有賴於袁世凱治軍嚴肅、調度有方、爭先攻剿，尤為奮勇。」

之後朝廷批示：「著袁世凱獎敘五品同知，並駐朝鮮為通商大臣，負責襄助朝鮮處理稅務並訓練新軍。」

這一年，袁世凱僅二十三歲，在朝鮮成為僅次於吳長慶的第二號人物。

二年後，身處多事之秋的袁世凱又遇到狀況了。一八八四年，數位朝鮮人在日本的暗中支持下，竟然衝進宮殿，綁架朝鮮國王，揚言要重組政府，歷史上稱此為「甲申政變」。

當時駐朝清軍面臨著主將吳長慶不在，加上駐紮軍人數少於日軍的窘境，所以大部分將領亂成了一鍋粥，此時袁世凱表示：「我們一旦怯弱，政變派以及日本人將得寸進尺。因此我們應該帶兵進攻，救出朝鮮國王，表現我們不容侵犯的決心！」

清軍後來採納袁世凱的方案，奮勇進攻政變人士並救出朝鮮國王，使得朝鮮國王自此力挺清朝，也對袁世凱懷著莫大的感激。

袁世凱亮眼的表現，使清朝決定任命他為大清駐朝鮮總督，那時他才二十五歲，已經是清朝在朝鮮的最高代表！

朝鮮國王感念當初救命之恩，與他私交甚厚，甚至特地幫他介紹，娶了朝鮮女子為妻。至於朝廷內部則有賞識他的直隸總督暨北洋大臣李鴻章支持，但這段得意之至的好時光，最終在一八九四年被日本人無情地摧毀了。

話說「甲申政變」後，中日雙方為了避免兩國軍隊在朝鮮衝突，因此約定：「平時不得駐紮部隊，唯當朝鮮有變，兩國可共同派遣部隊平亂，亂平後，則需各自撤離回國內。」

一八九四年，朝鮮又爆發內亂，中日雙方依約共同派兵，等到亂事平定後，日軍卻不願撤離，反而持續加派部隊。

袁世凱感到不對勁，連忙警告清朝應派遣大軍支援，無奈遠水救不了近火，而日本人看起來隨時會鬧出動靜。想起自己多次破壞日本人在朝鮮的謀劃，真出了事情，日本人第一個要剁的就是他！眼看情況不妙，袁世凱連忙裝病落跑回中國了。

剛驚魂未定地抵達中國，清朝眾多官員的批判就有如黃河氾濫般洶湧而至。

「怠忽職守，有損國體！」

「未戰先逃，打擊士氣！」

「此次失誤，皆由袁世凱而起！該對其嚴懲以謝天下！」

袁世凱慌了。

他沒想到官場是這麼地善變，前一刻他還是眾人倚仗的駐韓總督，這一刻卻是眾人口中該死至極的禍首；而且後方那些啥事沒幹、像豬一樣的隊友，竟把他所有功勞一口氣抹煞，對他的評價更是連渣都不如。

發動「甲申政變」的其中一位朝鮮青年——金玉均。

當官有一段時日的袁世凱知道「官場很黑暗」，可如今他真實體會到：官場是，超、級、黑、暗！

最終袁世凱便貶職為「溫處道」，這是位處浙江溫州、處州的「臨時」官職，以今天的話來說，算是臨時加開的約聘人員，隨時準備被裁撤。

在那段生命中的低谷，或許讓袁世凱

體悟到一個道理：「原來最可怕的敵人，往往就是自己人！若自己人隨時會成為敵人，那出賣自己人就不是罪，有罪的是……沒有賣到好價錢！」

小站練兵，權力的起源

一八九五年，清朝在甲午戰爭中慘敗。

曾經傲視亞洲的「北洋艦隊」被打得灰飛煙滅，陸戰則被人從朝鮮南端一路打到山海關一帶，當時作戰主力淮軍的表現，證明「鄉勇」只是內戰內行、外戰外行的二流子部隊。因此在戰爭末期，就有官員建議：「趕緊建立一支純粹西方體系的新式部隊好振興國防。」

此話說來簡單，做起來可不容易。練新軍最起碼需要以下三個條件：

一、精通軍事。

二、先進的思想觀念。

三、駕馭洋人的管理能力。

當時眾多名號響亮的官員，比如：清末四大名臣之一的張之洞雖然威望高、具有改革意識，無奈他不懂軍事，無法實際駕馭部隊（張之洞曾經培養自立軍及湖北新軍，而這兩支部隊後來都投入反清的革命勢力，不得不說，一部分原因和張之洞不懂實際軍務而需假手他人有關）。

又比如：胡燏棻。這位老兄在當時是改革派官員中的知名人士，而且以前幫李鴻章籌備淮軍的後勤，頗有軍事經歷，但是他老兄練新軍不到一年，就宣布辭職不幹了。原因是：無法跟德國教官共事。

眼看新軍訓練毫無起色，清朝只好請重要官員推薦練兵人選；於是李鴻章、張之洞、劉坤一、恭親王奕訢他們一致推薦的人選是……袁世凱！

為何眾多朝廷大佬看法如此一致？

那是因為袁世凱駐紮在朝鮮期間，在經費有限且動亂頗多的狀況下，竟為朝鮮籌建出一支五千五百人的「純德式訓練、配歐美裝備」部隊！這亮眼的成績，使擔任「溫處道」小官的袁世凱接受到了新的官職任命：授予東宮少保頭銜於小站練兵。

與此同時，朝廷也重點培訓董福祥的甘軍、宋慶的慶軍、聶士成的武毅軍（這三支部隊加上袁世凱的小站新軍，後來成為鞏固首都的武衛軍體系），加上南方的

（上）胡燏棻。
（中）劉坤一。
（下）董福祥。

張之洞也在練新軍，這些人不乏是沙場老將或資源豐沛，但日後的中國第一強軍，卻由本來最弱勢的袁世凱練出，究竟他是如何練兵成功？

方法1——賞士兵銀子

中國有句俗諺：「好鐵不打釘，好男不當兵」。「兵」在中國古代地位低下，就算升遷到「將」的等級，遇到同級別的文官，地位仍是矮了一截並要接受那些文弱書生的指揮。除了社會及官場上重文輕武的輕視外，古人不想當兵還有一個很現實的理由：工資太低。

清朝初年身分較尊貴的「八旗兵」，一個月拿三兩銀子，而一般平民一年的花費不過一兩多銀子，乍看之下，當兵薪水挺不錯的，可是這當中卻要經過各級長官的回扣剝削。如果碰到戰爭，長官回扣的花樣還會變多，舉凡：藉口戰亂銀子未到私吞、A走陣亡將士的撫卹金、戰前口頭重賞但戰後不兌現承諾……如此拚命工作，領到的薪水卻是如此心酸，造成士兵對戰鬥訓練提不起興趣，而且還會騷擾百姓、搾取非法收入好混日子，最終軍隊爛掉、百姓受苦、國防實力下滑，誰都沒得到真正的好處。

袁世凱在這方面展現了高度誠意，每次發薪水時，他會將所有軍餉一口氣攤在眾將士面前。當所有士兵被銀燦燦的光芒吸引時，老袁下令：「各營按次序到校場整隊集合！」然後老袁捧著銀子，與每一位士兵四目相對，親手把薪水遞到士兵手中。

袁世凱藉此表明：「我絕沒A走你們半分錢！」

士兵們則很激動：「沒看過哪一個長官這麼重視我們，竟然親自遞薪水！」

所以小站新軍每一次出操都精神抖擻，因為他們曉得：「好好幹！這個長官絕不虧待我們！」

方法2——賞士兵刀子

袁世凱開始接管小站新軍後，立刻制定了《簡明軍律》，這其中內容大致可以如此說：

騷擾百姓？剁了你！

未戰先怯？剁了你！

擾亂秩序？剁了你！

裝病摸魚？剁了你！

總計《簡明軍律》共有十八條「斬」罪。

袁世凱藉此告訴新軍士兵：「我預備好了蘿蔔跟棒子，幹得好我給你蘿蔔，要是敢亂來……一棒子打爆你！」

另外補充一下，袁世凱的軍規中，有一個行為也是「斬」罪：吸食鴉片者，剁了你！

以今日眼光來看，軍隊禁止吸食鴉片是很正常的事，但在十九世紀的中國，軍隊不吸鴉片才奇怪。別說一般素質低的綠營或是雜牌鄉勇，就連赫赫有名的大清北洋艦隊其中的主力艦艦長——定遠管帶劉步蟾，這位留學英國，位居總兵的高級軍官竟也是個菸槍，由此可知鴉片在軍中氾濫的程度。

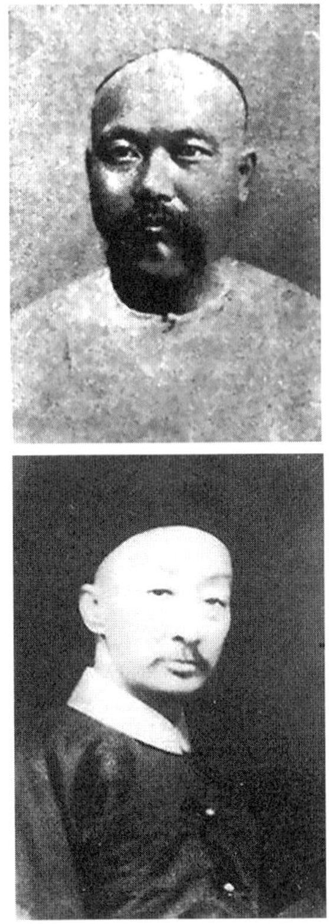

（上）劉步蟾；（下）榮祿。

袁世凱的小站新軍，在當時非常異類，因為沒有一人吸鴉片。為何？答案是……老袁「親自」把第一個吸鴉片被抓包的軍官給砍了！

方法3——讓長官看到自己的兩把刷子

即便練兵效果一流，但有人就有是非，才接掌軍隊不到幾個月，竟然就有官員控告袁世凱：「虧空軍款、所轄軍隊紀律敗壞。」

當袁世凱聽到官員指控，甚至對他喊打喊殺時，那可是冷汗直流：「這些豬一樣的隊友怎麼又拿我開唰？」

接下來又有傳聞指出：「朝廷派北洋大臣暨直隸總督榮祿，前來小站閱兵，聽說目的是要併吞部隊。」

在壓力大到不行的狀況下，袁世凱如此想：「危機就是轉機！自甲午戰敗，李鴻章中堂被貶職後，我喪失了後台支援，現在榮祿既是我的頂頭上司，更深得慈禧太后的信任，若能趁這次閱兵取得他的信任，那我就能爭取到一個新的後台。」

於是當榮祿校閱新軍時，他頓時覺得眼前一亮。

以往舊型的綠營及鄉勇，通常是大雜燴地把各軍種融在一起，結果造成軍制混亂，部隊是樣樣有卻也樣樣鬆。可是小站新軍卻是按西方軍事觀念把軍種分成：步、馬、炮、工、輜重。各軍種只需專精一項任務，上戰場時則因應不同狀況進行協同作戰。如此各軍種既能最大展現自己的特色，戰鬥時又能彼此相輔相成。這使榮祿暗自點頭：「這部隊行！」

加上袁世凱表達了歸屬之意，榮祿就向朝廷力保袁世凱有練兵之才，這使得袁世凱在獲得新的政治靠山後，得以繼續訓練新軍且無後顧之憂。

方法4——自己要有副花花腸子

送走了榮祿，袁世凱再次感受到「人言可畏」的威力。雖然現在他攀上了榮祿這後台暫保無憂，可誰知道這後台會不會翻臉？或是哪一天突然垮台，讓他也墮入萬丈深淵？

「人一定要靠自己！」

這是袁世凱的體悟，於是他參考了兩位練兵前輩的經驗，那就是曾國藩及李鴻章。曾國藩一輩子打仗敗多於勝，而且一天到晚被人彈劾。李鴻章從自強運動開始就一直飽受攻擊，甚至要扛起甲午戰敗的最大責任。可老曾至死享高官厚祿、老李雖被貶官但勢力仍在，究竟是什麼原因讓他們成為官場上的「不倒翁」？答案是……他們掌握軍隊！

湘軍只聽曾國藩的命令，淮軍只聽李鴻章的差遣。因此老曾雖屢吃敗仗，清朝卻非用他不可，不然根本無可戰之兵；而老李雖被人罵到罪可致死，但為穩軍心所以只做貶官的處置。而且李鴻章還趁貶官時期，跑去環遊世界放假長見識去也，甚至度假回來後，他又被任命為兩廣總督的高官職位，不得不對李鴻章說：「真有你的！」

所以袁世凱在小站練兵時，每天要士兵做以下對答。

問：「你們吃誰的飯？」

士兵答：「吃袁宮保的飯！」

問：「你們穿誰的衣？」

士兵答：「穿袁宮保的衣！」

問：「你們為誰家死？為誰效力？」

士兵答：「為袁宮保死！為袁宮保出力！」

每天這樣喊，加上袁世凱每天親自與士兵們操練，小站新軍只知有袁宮保，而不知朝廷，這支專屬袁世凱的私人部隊，將成為他最大的資產，並在多年之後助他登上權力頂峰。

戊戌政變——踩著墊背往上爬

甲午戰爭對中國產生的影響是巨大的。那年之後，列強從自強運動裡對中國的肯定，重新轉回鄙視的壓迫；那年之後，北洋水師灰飛煙滅，中國海防步入百年之久的黑暗期；那年之後，一個姓孫的年輕小夥子斷絕了協助大清的念頭，開始發起革命。不過在當時最引人注目的還是一場學運，也就是康有為、梁啟超發起的「公車上書」。

康有為，廣東省南海縣人。

在當年赴京趕考的讀書人中顯得特別，因為他很會搞組織運動，在還沒通過科舉時，就先在老家廣東省開辦萬木草堂，收了一大票忠實粉絲及學生（梁啟超就是在這段時期投入康老師門下）。

（上）康有為；（下）梁啟超。

當他在北京城考科舉聽到甲午戰敗的消息，立刻鼓動考生說：「走，我們上書向皇上抗議去。」

由於當時是放榜前夕，已經考完試的一千三百個考生覺得無聊沒事幹，聽說能跟官府抗議，然後自己的主張有可能被皇上看見，立馬在康有為的聯署上簽名，向光緒皇帝提出抗議（由於漢朝時，會由公家配備馬車來回接送讀書人以示禮遇，公車就成為赴京趕考的讀書人代稱，因此這場抗議事件才被稱為「公車上書」）。

公車上書後，康有為得知一個消息……他終於考上進士能當官了（考了快二十年啊，順帶一提，康先生當年錄取成績頂多算中等而已）！

這下康先生更以官員身分發起一個叫「強學會」的組織，說要繼續變法圖強。由於甲午戰爭實在敗得太慘，變法成為當時的全民運動，許多讀書人跟官員就向康有為繳了會費，說是要支持變法好搭上這股政治順風，這裡面就包含了袁世凱。

比起一般的軍人，袁世凱更有改革的見識以及從政的野望。眼看康有為同為改革派人士，而且勢頭正旺，是值得投資的對象；於是袁世凱先是稱呼康有為「大哥」，還常參加康有為一派的聚會，更替他傳遞改革萬言書給頂頭上司榮祿，康有為等人也曾為他督練新軍而設宴餞行。在表面上，康有為跟袁世凱等人可是惺惺相惜啊。

動盪不安的戊戌變法

在康有為搞學運的兩年後，一八九八年，親政的光緒皇帝決心推行新政，於是頒布「明定國是」詔書宣布變法，歷史學界以此作為戊戌變法的開始。

中學課本告訴大家：「戊戌變法是以光緒皇帝、康有為、梁啟超三人為中心。」然後我告訴大家：「這、根、本、是、鬼、扯！」

別以為光緒皇帝是個只會暴衝的青年，他知道自己名義上雖然親政，但躺在頤和園享受退休人生的慈禧太后，仍有巨大的掌控力。所以每一次光緒想推動政策，一定先拿到頤和園請示，而慈禧的態度是：「改革好啊！皇上自己拿主意吧。」所以初期的戊戌變法，慈禧太后或多或少也參與其中。

注意！慈禧是支持改革的！

後世許多敘述都妖魔化慈禧為老朽、守舊、不知變通的婦道人家。

（上）慈禧太后；（下）光緒皇帝。

那我請問：「自強運動推展時期，掌握大權的人是誰？」

答案是慈禧。

「是誰提拔李鴻章、張之洞這些改革派大臣？」

答案是慈禧。

「是誰支持籌建北洋水師？」

答案是慈禧。

若慈禧真是守舊派，李鴻章等人怎可能在自強運動推動洋務？

事實上，當李鴻章組建北洋水師，飽受官員各種炮轟，諸如：花錢太多、買的艦艇太爛、北洋水師為老李私人軍隊……這都罷了，還有個炮轟理由是：「買來的主力艦太大太重了，港口放不下，爛！」這都讓我替老李感到心酸，連買到超強主力艦都要被罵。結果還是慈禧力挺李鴻章，這才使大清有了世界第八的海軍出現。

當然，如果有人要翻慈禧挪用海軍軍費建頤和園的舊帳，我無話可說，因為這真是慈禧做的錯事。

可我們不能因為少數幾件錯事，全盤否定慈禧這個人。起碼各國列強是肯定她穩定了中國，並穩定地推動改革措施，在她搞出八國聯軍這場大禍以前，慈禧在治國上可說是功大於過的。

回到正題，光緒是得到慈禧支持，這才有了戊戌變法。

至於康有為、梁啟超，教科書總把他二人跟光緒寫成一塊，好像這仨君臣關係有多密切，這才使得康有為獲得皇帝新任因此掌握變法大權……但其實光緒跟他倆

軍機四章京：林旭、劉光第、楊銳、譚嗣同。（左→右）

根本不熟啊！

整場戊戌變法，光緒只見過康、梁各一次面，加上康、梁沒有實務經驗，試問你是光緒，會信任這種人推動改革？

所以在戊戌變法中，光緒真正倚仗的是「軍機四章京」——譚嗣同、楊銳、劉光第、林旭，這幾位具有一定官場經驗的年輕新銳，大多數的改革命令都是由他們提出。當然，康、梁二人也並非毫無影響力，因為他們和四章京中的譚嗣同保有密切聯繫，所以譚嗣同的許多提案都有康有為的影子存在。可要說康、梁二人是推動變法的核心人物？那真是太抬舉他們了。

有道是：「治大國若烹小鮮。」任何改革的推動，都會得罪一些既得利益者及團體，因此會遇到阻力。而康有為對於這些阻力的處置，方法是既粗暴且幼稚，好似全然不計後果。比如康有為唯一被光緒召見的時候，他碰見了署理直隸總督兼北洋大臣的榮祿，兩人因此有一番談話。

榮祿：「以子之大才，亦將有補救時局之術否？」

康有為：「非變法不能救中國也。」

榮祿：「固知法當變也。但一、二百年之成法，一旦能遽變乎？」

康有為：「殺幾個一品大員，法即變矣！」

殺人就能變法成功？康有為你是有多中二啊？

隨後康有為又主張設立由他主管的新單位，並架空舊有的軍機處、總理衙門、六部、地方督撫衙門等部門，甚至提出一個驚天動地的主張：「聘請日本前任首相伊藤博文擔任大清顧問，賦與他政治權力推動改革，並結合美英日，加上中國成為一個合邦政體！」

請各位假設你是當時的官員，然後請闔上書本設身處地想想：「你對康有為有何看法？」

當時大部分官員聽到上述這些消息，幾乎都炸鍋了！

一時之間，每天都有官員跑到頤和園向慈禧哭訴，慈禧一來覺得改革速度過快，二來也實在無法接受合邦的意見，於是她把光緒叫來訓了一頓：

「改革不要操之過急！還有康有為沒什麼經歷，皇上對此人要慎重些！」

我個人覺得慈禧的意見滿好的，但光緒卻頗為惶恐（唉~別怪他，跟慈禧生活二十多年，那壓力真是不小），於是他寫了一道「密詔」，命四章京中的楊銳帶出去，好找人想辦法。

光緒的密詔寫了什麼內容呢？

問得好！答案是……沒有人能肯定密詔講什麼，因為楊銳攜帶的密詔原稿至今下落不明。

不過康有為說他看過密詔，內容是：

「朕惟時局艱難，非變法不能救中國，非去守舊衰謬之大臣，而用通達英勇之士，不能變法。而太后不以為然，朕屢次幾諫，太后更怒。今朕位幾不保。汝可與譚嗣同、林旭、楊銳、劉光第及諸同志妥速密籌，設法相救。朕十分焦灼，不勝企望之至。特諭。」

（簡單翻譯如下）

光緒表示：「我惹太后生氣啦！我地位有危險啦！趕快找譚嗣同、林旭、楊銳、劉光第救我吧！」

可是後來有位叫王照的官員，他也說看過密詔，內容卻是：

「朕銳意變法，諸老臣均不甚順手，如操之太急，又恐慈聖不悅，飭楊銳、劉光第、林旭、譚嗣同另議良法。」

（簡單翻譯如下）

光緒表示：「我想改革，但底下官員不聽我的。如果過於激進，太后會不爽。叫譚嗣同、林旭、楊銳、劉光第想想辦法吧！」

然後我告訴各位一件很吐血的事……密詔還有第三版本！

這是楊銳兒子發表的說法，內容是：

「近來朕仰窺皇太后聖意，不願將法盡變，並不欲將此輩老謬昏庸之大臣罷黜，而用通達英勇之人，令其議政，以為恐失人心。雖經朕屢次降旨整飭，而並且隨時有幾諫之事，但聖意堅定，終恐無濟於事。即如十九日之朱諭，皇太后已以為過重，故不得不徐圖之。此近來之實在為難之情形也。朕亦豈不知中國積弱不振，至於阽危，皆由此輩所誤，但必欲朕一旦痛切降旨，將舊法盡變，而盡黜此輩昏庸之人，則朕之權力實有未足。果使如此，則

朕位且不能保，何況其他？今朕問汝：可有何良策，俾舊法可以全變，將老謬昏庸之大臣盡行罷黜，而登進通達英勇之人，令其議政，使中國轉危為安，化弱為強，而又不致有拂聖意。爾其與林旭、劉光第、譚嗣同及諸同志等妥速籌商，密繕封奏，由軍機大臣代遞，候朕熟思，再行辦理。朕實不勝十分焦急翹盼之至。特諭。」

（簡單翻譯如下：）

光緒表示：

「就我對太后了解，她不完全支持我變法，甚至認為我已經改革過快。我實在想任用一批新人取代守舊大臣，讓中國有機會透過改革轉弱為強，但又怕得罪太后……趕快找譚嗣同、林旭、楊銳、劉光第提出意見，我細細參考後做出行動……」

老ㄕ表示：「怎麼這個版本的內容這麼長？」

到底哪一封是真的？還是那句老話：「沒人知道，因為原稿不見了。」

可是依照三份密詔共通內容來看，光緒這份密詔應該只打算給譚嗣同、林旭、楊銳、劉光第觀看。完全沒被提及的康先生是怎麼會知道密詔的存在？答案是……有人把消息洩漏給他們。是誰洩漏的？只有一人有可能，軍機四章京中唯一跟康有為密切往來的譚嗣同。

知道慈禧不贊成「自己」變法主張的康有為，竟跟譚嗣同想出了一個主意：「帶兵包圍頤和園，殺掉慈禧老朽，掌握權力，繼續變法！」既然要發動武力，康有為一黨就想起與他們有過往來的袁世凱。

戊戌變法期間，袁世凱升遷了，原因倒不是他跟康有為走得近，而是因為他受到積極任用新人的光緒皇帝看重。畢竟光緒可是從小到大研讀中國的帝王學，怎會不曉得皇權需要握實了軍權才得以擴充？

所以光緒先後三次見袁世凱（比康有為還多，足見對他的重視），還升他為侍郎候補，又力挺他從頂頭上司榮祿手中獨立，由此可見光緒想獲得袁世凱及小站新軍支持的意圖。

對於康有為一黨來看，這人跟自己走得近，又受皇帝提拔，現在邀請他一起搞掉慈禧、扶持皇上，將來能獲得的巨大利益沒理由讓袁世凱不心動啊！於是譚嗣同在一八九八年九月十八日的晚上，拜訪了袁世凱住宿的北京法華寺。

北京法華寺內，月高掛於天，廂房中燭光微弱，寄居此處的袁世凱招待著意外的訪客。

「譚大人深夜拜訪不知有何指教？」

深夜到來的譚嗣同開門見山地說：「袁世凱接旨。皇上密令：即刻帶兵勤王，包圍頤和園！」

袁世凱被嚇傻了。

聽著譚嗣同所謂的密旨，他不禁說道：「要我勤王？這真是皇上命令嗎？而且要我包圍頤和園做啥？」

譚嗣同激動地說：「不除慈禧老朽，國不能保！」

袁世凱說：「太后聽政三十多年，深得人心；我又常以忠義訓誡部下，現在要

我做亂，必不可行……」

「袁大人怎麼這般畏首畏尾！」

譚嗣同質問：「皇上有難，你豈可作壁上觀？告訴你實話，我已經招募一批死士，隨時準備入宮保護皇上（綁架慈禧），之所以找你，是要借助你的軍隊，殺榮祿！包圍頤和園！」

袁世凱說：「這是謀反！我無法答應此事！」

譚嗣同說：「保護皇上怎麼叫做謀反？你不帶兵勤王才是對皇上不忠！榮祿、慈禧早已認為你是我們的人，你今天不帶兵勤王，日後若我們行動失敗，你也會被牽連，早晚被人清算！而日後若我們行動成功，確保皇上掌握大權，憑你今天軟弱的表現，你以為你能有什麼好下場！」

袁世凱看著譚嗣同，然後說：「好，我願隨諸位，殺榮祿、圍頤和園、保護皇上。」

譚嗣同這時卻說：「榮祿有曹操、王莽的才能，你恐怕不容易對付。」這下換袁世凱怒道：「若皇上已經被我保護，誅榮祿如殺一狗爾！」

譚嗣同說：「那我們馬上行動。」

袁世凱卻說：「那太倉卒了，我指揮的槍彈軍火都在榮祿手裡，有不少軍官也是他的人，我需先回天津，更換軍官準備槍彈，才能行事。」

譚嗣同滿意地拱手：「好，慰廷兄不愧為一奇男子，這勤王重任就交在你手中了。」

隨著來人的離去，月仍高掛於天，似乎冷眼旁觀事情發展，而廂房中微弱燭光搖曳間起伏陰影，如同袁世凱的內心捉摸不定……

＊　＊　＊

法華寺會面後的兩天後，袁世凱緊急趕回天津向榮祿稟報：

「康黨意圖對太后不軌，請中堂速速處理！」

是的，袁世凱就這麼乾淨俐落地把譚嗣同給供了出來。

看到這裡，不知是否有許多人大罵：「袁世凱真是背信忘義的小人！」

大家且別心急，聽我說說袁世凱當時的處境，再想想你會不會有不同的動作。

各位有沒有注意到袁世凱、譚嗣同的對話不斷提到一個人——榮祿，此人乃是慈禧的鐵桿（根據傳聞，注意！僅是「傳聞」，慈禧在進宮以前跟榮祿有過一段情）。

擔任直隸總督間北洋大臣的他，掌握北京附近包含聶士成的武毅軍、董福祥的甘軍、駐紮直隸的鄉勇舊營等超過十萬人的武力；連袁世凱的小站新軍軍火，都是由榮祿配給。

戊戌變法期間，榮祿早注意到康黨及光緒皇帝要爭取袁世凱這支新軍武力，因此他曾催促袁世凱離開北京回到天津，並不斷派人和袁世凱聯繫，這代表榮祿對袁世凱的高度掌控。更絕的是，當榮祿發現京城的政局越加詭譎，立刻把小站新軍的軍火彈藥全部封存至天津，讓袁世凱的部隊根本手無寸鐵，難以做出任何舉動。

袁世凱所屬部隊七千人沒槍沒炮還被十萬大軍緊盯，自己更被嚴密監控，有兵變的可能嗎？

甚至根據近年來的研究，早在袁世凱晉見榮祿以前，慈禧就已經突然從頤和園返回紫禁城，決心罷免光緒的執政權力。所以袁世凱的問題從來不是「要不要供出譚嗣同的密謀」，而是「該怎麼供出譚嗣同的密謀」。供得太早，可能被人解讀是跟康黨聯絡密切，純粹是因為怕死才臨陣脫逃來討饒，對於這種兩面討好的奸詐小人，結果應該是……剁了你！供得太晚，那就是知情不報，有意坐山觀虎鬥好撿便宜，對於這種打著如意算盤的奸詐小人，結果應該是……剁了你！現在各位明白為何袁世凱要「過兩天」才講了吧？

＊＊＊

雖然袁世凱在戊戌政變的舉動，並非如早期學者或民間傳言，是一個「告密者」，以至於促使慈禧發動政變(再次強調，早在袁世凱向榮祿報告以前，慈禧就已經有政變的動作)。不過袁世凱的供詞對整場戊戌政變的影響仍然不小，因為當慈禧聽到竟有人要奉光緒的命令對自己圖謀不軌，老太太徹底氣瘋了！

「我從小養你、教你，你親政後我也樂得放權，沒半點對不起你。如今提醒幾句，你就串通外人要謀害我？這還有天理嗎？」

慈禧太后對光緒怒不可遏，因為她感到自己在親情及信任感上被深深地傷害，所以命令光緒搬到瀛台，過著有如囚犯般的軟禁生活，昔日的養育之情是蕩然無存（慈禧甚至後來考慮罷黜光緒的帝位，可見她對光緒的反感程度）。而且，她開始對改革派及協助康、梁等人的外國勢力產生嚴重的敵意，讓昔日開明的太后變成不明事理的大媽。

光緒皇帝也是滿肚子委屈跟冤枉，因為他老兄可完全沒想過要綁架親爸爸的意思（除了康有為自己在海外公布的密詔版本，王照及楊銳兒子的密詔內容，只是叫人「想辦法」，可從來沒說要搞政變啊）。所謂「殺慈禧老朽」純粹是跟他並不太熟的康有為「起肖」般的主張，結果康有為開溜到國外，自己反被認為是策劃人還百口莫辯，當真莫名其妙！

南海瀛台。

抑鬱到仇恨值爆表的光緒，沒法找逃往國外的康、梁等人算帳，只能找惹動慈禧怒氣的告密者袁世凱來發洩。在光緒心中，或許想：「朕對你青眼有加還屢屢提拔，你反倒說出對朕不利的言論好自保求得富貴？你有想過『君之視臣如手足，則臣視君如腹心』的報效之理嗎？沒有！因為你只想到你自己！」

光緒皇帝到底對袁世凱有多憤慨？從一件事就可以看得出來，那就是當光緒被囚禁在瀛台後，不時會以射箭調劑身心，然後箭靶上畫著烏龜，烏龜上寫著：袁王八。如此怨念，成為袁世凱後來在官場上揮之不去的壓力（因為哪天光緒重新掌權，自己鐵定完蛋），甚至即便光緒去世，還有人繼承他的意志，準備解決袁世凱的老命。

政變過後，譚嗣同、林旭、楊銳、楊深秀、劉光第與康有為之弟康廣仁被斬首於菜市口，後世稱他們為「戊戌六君子」，眾多新政除京師大學堂被保留外，皆被停止。光緒皇帝失勢、慈禧重新掌權，與此同時，一首歌謠在京師傳唱：「六君子，頭顱送。袁項城，頂子紅。賣同黨，邀奇功。康與梁，在夢中。不知他，是梟雄。」

官場上平步青雲

一八九九年，袁世凱署理山東巡撫。

能成為封疆大吏本該是一件喜事，只是當時的山東卻身處多事之秋，因為有一個難處理的團體聲勢越加壯大，那就是「義和拳」（後改名為義和團）。

當時的朝政十分微妙，實力強大的洋人不能得罪，但當權的慈禧卻又不喜歡日漸干涉中國內政的洋人，以至於當義和團打著「扶清滅洋」的名義，四處殺掠洋人及被稱為「二毛子」的中國基督徒。朝廷告訴地方官的處理原則，十足讓人哭笑不得：「義和團是良民，要多加鼓勵，但洋人的安全很重要，要多注意。」真是有講等於沒講。

面對動亂不堪的山東省，請問各位，你是袁世凱的話，該如何解決現況？鎮壓義和團？

那就是得罪當權的保守派大臣，輕則丟官、重則沒命！

包容義和團？

那就是得罪實力強大的洋人，輕則丟官、重則沒命！

現在知道山東巡撫不好當了吧！到底袁世凱怎麼辦呢？

他的態度是……打爆這群假鬼假怪的傢伙！

於是義和團被袁世凱痛扁一頓後，逐漸離開山東，轉往直隸省發展。保守派官員也因此向袁世凱興師問罪：「為何要剿滅義和團？」

各位讀者，請再次運用你們的想像力，設想一下該怎麼回答呢？

袁世凱如此回答：「我殺的都是招搖撞騙的『假』義和團，至於真義和團，我可是很愛護他們的。」

義和團團民。

這個回答雖然滑頭，卻非常有效。畢竟遠在朝廷中央的守舊派大臣不會清楚地方上的實際狀況，在無法分辨真假的情況下（事實上義和團是眾多民間團體組合的總稱，由於構成複雜，加上有不少非法團體自稱義和團，估計就算中央官員想認真調查，也無法查出清楚的結果），只能選擇相信袁世凱的說詞。

而洋人們看到袁世凱打擊義和團，則非常感動，之後鎮壓義和團的八國聯軍殺進中國時，當他們看到袁世凱設立的「禁止進入山東」告示牌，馬上號令各國部隊：「那是袁世凱的地盤，我們要給他面子，千萬別進行騷擾！」

更大膽的一點，在八國聯軍逼近北京城時，慈禧號令各地官員率領部隊入京保駕勤王，山東距離北京頗近，袁世凱的小站新軍（當時被授予番號——武衛右軍）又是精銳，自然收到勤王的命令，但袁世凱的反應卻是……按兵不動，置之不理。

對中學歷史課本還有印象的讀者，應該對八國聯軍進攻北京時，由李鴻章、劉坤一、張之洞等漢人大臣提倡的「東南互保」有些印象。所謂「東南互保」，簡單來說就是：「北京城的朝廷跟洋人宣戰，那洋人你們就往北京打去；我們這些省分沒有派兵參與朝廷的宣戰，那你們洋人就不要打我們，也不要進入我們管轄的省分。」山東巡撫袁世凱當時也加入了「東南互保」，問題是：前面三位，無一不是重量級大人物，而且距離中央朝廷頗遠（尤其是李鴻章當時待在廣東），他們有那個條件裝聾作啞；袁世凱論官場資歷只是小輩，距離中央又近，根本沒多大本錢承受抗旨的死罪。可是袁世凱還是堅守「東南互保」的準則，不得不說他的膽量驚人，而最後的結果是……他升官了！

八國聯軍過後，慈禧非但沒怪袁世凱抗旨，反倒誇獎他能審時度勢，保衛了山東地區的安寧。李鴻章則確認袁世凱擁有判斷大局的眼光及處理手段後，在臨終前向慈禧表示：「足智多謀，規模宏遠，環顧宇內人才，無出袁世凱右者。」使他擔任直隸總督暨北洋大臣職位，成為李鴻章的接班人。

但是真正讓袁世凱影響力暴增的因素，還是軍隊的掌握度。清朝在甲午戰敗後

紫禁城內的八國聯軍。

積極鍛鍊新軍，並組成武衛軍（分：前、後、左、中、右）鞏固北京城的國防；在八國聯軍期間，除待在山東拒絕參戰的袁世凱武衛右軍，其他四支部隊盡都灰飛煙滅，這使得清朝不得不倚靠袁世凱在原有的武衛右軍基礎上重建軍事體系，讓他掌握了帝國的軍事權。

或許看到這邊，有讀者會說：「袁世凱能升官真是好運氣。」但我找到以下一則資料，用來表示袁世凱不僅是靠亂局帶來的偶然，而是在太平時候也有「當官」的手腕。

＊＊＊

八國聯軍過後，慈禧回到殘破的北京城，迎接一紙四億億五千萬賠款，還有再一次被掠奪乾淨的國庫及宮廷財產。

為了重振皇室經濟，慈禧下令袁世凱主動捐獻，袁世凱知道這次捐獻是贏得太后歡心的大好機會，所以捐款自然是越多越好。於是他擺下酒席，邀請直隸省各大小官員免費參加，聽到有白吃的盛宴加上是直隸總督主辦，眾多官員毫不猶豫地出席。

酒宴期間，大家吃喝愉快，直到袁世凱站起來講話：「最近國庫空虛，急需現銀，袁某人在這想請大家樂捐，充實財政，以利我大清推行新政（潛台詞：還有幫我巴結老佛爺）。」

官員們一聽長官在要錢，連忙立場一致地表示：「唉呦~袁大人，不是我們不想幫你（潛台詞：其實我們真的不想幫你，樂捐？當我們開善堂啊？），實在是沒有太多私人存款，而各級公家單位也在等錢用，無法從中撥款，我們是愛莫能助啊。」

沒能募到款的袁世凱很鬱悶，不但白花了酒席錢，官員們還隱晦地表示：「雖然你袁世凱官大權力大，但要是你強逼著我們捐款，我們就暗地裡給你搞鬼，要你直隸總督的位子坐不安穩！」

眼看著慈禧要錢的截止日期越來越近，被逼急的袁世凱突然靈光一閃……

某一天，袁世凱令人傳來天津蔚長厚票號的執事。

袁世凱表示：「我想存款。」

執事：「總督大人想存款是我們的榮幸，非常歡迎。」

袁世凱：「那好，這利率就算我30％吧！」

「30％！」

執事趕緊陪笑道：「總督大人，本票號向來沒有這麼高的利率啊。」

袁世凱：「我這是公款，不一樣，利率當然要比較高。」

執事：「不瞞總督大人，有好些官員的私人儲蓄，或是官方單位的公款，也會存在本票號，但我們最高利率也只到8％，30％實在是太高了。」

袁世凱不開心地說：「我不信，你們騙我！」

「我們怎敢騙總督大人呢？」

被逼急的執事，趕忙取出帳簿：「大人，你瞧，存款在此處的官員或公款，他們的利率通常就是6～8％啊！」

袁世凱瞇著眼瞧了下帳簿，然後說：「嗯……這樣吧，我把帳簿拿回去研究，看你所說是否屬實。」

就這樣，時間來到年底。老袁再次召集各級官員，並宣布：「最近國庫空虛，急需現銀，袁某人在此想請大家樂捐，充實財政，以利我大清推行新政。」

官員一聽，心中馬上冷笑：「袁大人上次還沒學乖啊？」

隨即表示：「唉呦～袁大人，上次我們就說了，不是不想幫你，實在是現在官方及咱們私人都沒餘款，真的沒錢能捐啊。」

袁世凱笑著說：「所以大家真的都沒錢？」

官員們趕緊附和：「是啊，大家都沒錢啊！」

聽到官員們這麼說，袁世凱從衣袖中掏出了帳本：「我這有一個帳本，上面記錄了直隸一帶各級官府公款及官員私人存款的狀況。我稍微一看……哇！不得了！

看起來大家都有錢得很啊？」

官員們傻了，袁世凱是怎麼查到他們的帳戶？然後剛剛才信誓旦旦地宣稱沒錢，現在卻被抓包撒謊，要是老袁因此把他們往死裡整，那可怎麼辦？

「叫蔚長厚的執事出來！」

一聲令下，執事登場。

袁世凱問：「為什麼你們票號會存放這麼多公款及私款呢？」

執事滿肚子委屈地想：「你問我，我問誰啊？我今天只是來收回帳本的，結果現在是演哪齣啊？」

執事沒敢吭氣，官員們也一片肅靜。

「哈哈哈哈哈哈哈！」

袁世凱突然笑說：「我知道了，這一定是有人冒用各位大人以及官府名義所存放的贓款！真是太可惡了！蔚長厚票號，你們以後可要好好注意資金動向，現在為了懲罰，我決定把這些贓款統統沒收。」

就這樣，袁世凱一口氣收取一百萬兩以上（折合今天新台幣十四億以上）的捐款，這讓慈禧對他大為欣賞，獲得更多信賴。底下官員雖然身家被坑，但是長官不揭開把柄，也只能心虛地忍氣吞聲。

或許以上的敘述，讓大家對袁世凱有著奸詐狡猾的印象，但我想強調一點：

「袁世凱是拚命『當官』，但是也認真做事。」

重返北京後，慈禧再次走回改革路線，而且讓整個大清帝國在政治、軍事、經濟、教育上更全面西化，這就是後世所稱的「庚子後新政」。

新政期間，袁世凱擔任直隸總督暨北洋大臣時，有著以下政績：

一、廢除科舉

從此八股取士走入歷史，清朝開始以西洋學制培養現代化人才。

二、興辦學校

今日的山東大學、天津大學、中華民國國防醫學院的前身都是由袁世凱創辦。

三、督辦新軍

以小站新兵為基礎，於新政時期擴編成人數七萬的北洋六鎮，之後更提出以北洋軍為範本，在全中國發展三十六鎮新軍的建軍方案。

（順帶一提，日後也有一個人構想發展出純德式訓練的三十六個師建軍方案，那人是蔣介石；由於練軍方式甚至擴軍數量都跟清末一致，很難不讓我聯想，老蔣是否借鏡了老袁的軍事理念。）

四、發展經濟

興建工廠、鐵路，且打造出含銀量最扎實、建造款式最一致的清朝龍銀。

五、發展警察制度

中國最早的警察，就是袁世凱在天津創辦巡警；由於成效良好，使清朝成立「巡警部」，有系統性地在全國建立警察制度。

在當時，無論大家喜不喜歡袁世凱，但必須承認，他是當時的能吏，使新政

改革成效極佳，因此一九〇一年，年方四十二歲的袁世凱除了是直隸總督暨北洋大臣，位列地方官員之首，另兼職：

一、參與政務大臣
二、會辦練兵大臣
三、辦理京旗練兵大臣
四、會議商約大臣
五、督辦電政大臣
六、督辦山海關內外鐵路大臣
七、督辦京鎮鐵路大臣
八、督辦京漢鐵路大臣

這些兼職中，第一項的「參與政務大臣」讓袁世凱這位地方官可參與中央政府的決策。第二、三項的「會辦練兵大臣」、「辦理京旗練兵大臣」則掌握了軍權。至於第四～八項，屬於經濟的範疇，「商約大臣」管海關及匯率，「電政大臣」管電報及郵政，加上後三項有關鐵路的差事，無一不是撈錢的肥缺。那段時間，是袁世凱在清朝當官的頂峰。

第四章

北洋集團的誕生

看完袁世凱的成長史，相信各位認識到此人是不世出的頂尖人才。可一個人能力再強，總是會有短處，就算真是無所不能，凡事若都親力親為，那只會落得過勞死的下場。所以袁世凱在崛起過程中，相當重視人才的網羅，最終打造出清末民初最有影響力的北洋集團，成為他事業上極大的助力。

袁世凱的手下們

現在提到北洋軍閥或是北洋政府的官員，舊版課本給人的印象，就是他們是一群只懂吃喝嫖賭、燒殺擄掠的草包。我還記得課文中有這麼幾句話：「陸榮廷、張作霖是土匪出身，曹錕是賣布的、吳佩孚是算命的⋯⋯」老ㄕ告訴各位：「那是誤解啊！」

土匪陸榮廷其實是出身南方的桂系，並非北洋集團的一分子；馬賊張作霖則在民國建立以前，根本不歸屬袁世凱的管轄。至於真屬於北洋體系的曹錕、吳佩孚，雖然早年不得意，可之後都是從清朝官辦的軍校——天津武備學堂畢業，和日後眾多同樣出身軍校體系的革命黨人（像是蔣介石），半斤八兩，就別大哥笑二哥了。

曹錕、吳佩孚在北洋集團中尚屬於二線人物，若真要審視一線大咖的經歷，就會發現他們都是清末民初時代的菁英。為了證明所言非虛，我特地從文、武兩方面挑出其中佼佼者，讓大家認識。

北洋軍師——徐世昌

凡是霸主，身旁總要有個能相輔相成的軍師，如同劉邦有張良、曹操有荀彧、李世民有房玄齡，而袁世凱的軍師則是——徐世昌。

徐世昌，字卜五，號菊人，生於河南省衛輝府府城。

這位出身窮苦家庭但勤於讀書的老兄，在二十四歲那年遇上了有同鄉關係的袁世凱，兩人是一見如故，立刻相拜為結義兄弟。當時袁世凱豪邁地說：「菊人兄，妙才也！這有二百兩銀子（折合新台幣約二十萬），送你作為盤纏和在北京的花費。」徐世昌就在此資助下參與科舉考試，然後考中進士，還成為翰林院庶吉士。

這時大家會問：「庶吉士是什麼？很了不起嗎？」

答案是……真的很了不起！雖然庶吉士官位低薪水少，負責職務是：修史編書、掌文詞翰墨，這一類文書處理的打雜工作。

徐世昌。

但是從明朝開始，掌握國家機器中樞決策的內閣（清朝則是軍機處）就有一條潛規則：「非翰林院出身，不得入閣。」也就是說，這些在翰林院打雜的庶吉士，如果運氣及才學足夠，多年後極有可能成為部門高級主管，更有可能成為僅次於皇帝的政治掌權者。因此，庶吉士通常只有全國前十三名的成績優秀者才能擔任。

徐世昌有此身分，代表他是大清國前途不可

限量的政治潛力股，然後有一天，正在小站練兵的袁世凱對他說：「菊人兄，小弟希望你能來小站協助我打理軍務。」

幾乎所有人聽到這消息，全都笑彎了腰！中國官場文化向來「文貴武賤」，徐世昌怎麼會放下翰林院庶吉士的主流升遷機會，跑去當個地位不高也無發展前途的軍務官？

接下來幾乎所有人驚訝得下巴都要垂到地面，因為徐世昌……答、應、了！

他先是利用翰林院官員的身分四處活動，幫袁世凱籌建新軍，後來索性加入其中，擔任秘書長和參謀長，成為毫無科舉功名出身的袁世凱手下一介幕僚。當時很多人都笑徐世昌傻，可徐世昌卻堅信：「跟著袁世凱，那才是前途無量。」

徐世昌是對的，隨著袁世凱官運亨通，他也跟著平步青雲。比如：徐世昌當上巡警部尚書，是袁世凱推薦的；徐世昌當上出洋考察五大臣，是袁世凱推薦的；徐世昌當上欽差大臣及東三省總督，還是袁世凱推薦的。

在此期間，袁世凱也屢次獲得徐世昌相助，得以克服多次危機。像是小站練兵時，袁世凱被人控告剋扣軍餉、誅殺無辜，是徐世昌利用庶吉士時期在中央朝廷累積的人脈，找到了查案官員，並利用私交請他從寬處理，使袁世凱避免一場彌天大禍。

往後，袁世凱差點被人要了老命，是徐世昌鼓動眾多大臣為袁世凱求情，才使他只被削去官位，保住性命；也是徐世昌在武昌起義後，力薦袁世凱復職好重新領導軍隊，使袁世凱得以掌握資源，在亂世縱橫捭闔，最終攀上人生的高峰。

能和袁世凱相輔相成，並成為橫跨軍政兩界的斡旋者，北洋集團的眾人無不以

「老相國」尊稱徐世昌。袁世凱更曾說：「天下翰林能入眼的，只有三個半，其中排名第一的就是徐菊人！」

外交幹才──唐紹儀

徐世昌的功能主要是坐鎮大本營「運籌策帷幄之中，決勝千里外」，但除了軍師類型的參謀，袁世凱還需要一個能獨當一面、替他四出奔波喬定各方問題的代表。這種為上司拋頭露面的人物，通常需要卓越的才能、即席的反應、良好的口條、得到領導的信任，若論以上條件，唐紹儀可說是北洋文官中的不二人選。

唐紹儀，字少川，廣東省香山縣人，是孫文的小同鄉。

唐紹儀。

自小就被清朝派至美國公費留學接受西方教育，後肄業於哥倫比亞大學（沒能順利畢業的原因，是清朝後來取消官派留學生的制度）。

他在前往朝鮮襄助海關事務期間，遇到當時擔任朝鮮總督的袁世凱。在老袁眼中，唐紹儀是不可多得的西化人才；在小唐眼中，袁世凱是開明改革的長官，雙方自是一拍即合，合作愉快。

而在一八九四年，朝鮮發生動亂，促使中日雙方同時派兵平亂。但亂平後，日本沒有撤軍反倒增派部隊，這讓袁世凱感到不對勁，於是趕緊通知清朝：「迅速派大軍來朝鮮，防範日方的異常舉動！」

清朝的答覆則是：「不要輕舉妄動，暫時不派大軍，我們希望用外交談判解決。」看到日本是步步進逼，若出狀況的話，袁世凱這位清朝駐韓總督將首先遭殃，所以老袁連拍好幾個電報，多次要求調回中國境內，清朝則答覆：「要堅貞，勿怯退。」

「堅貞個大頭鬼啦！我要是被日本人逮住，那是必死無疑啊！」袁世凱慌張之際，只好出了個爛招：「我得病發高燒，需要保外就醫。」

清朝中央官員也不是吃素的，哪有那麼好糊弄？況且就算袁世凱真是生病了，也絕不能調他回國。為何？因為此人一走誰來背黑鍋，以及當被人彈劾算帳的擋箭牌？所以中央的回覆很明確：「不准！一定要有人處理朝鮮事務。」

就在此時，唐紹儀說：「我自願留在朝鮮代理袁世凱的職務。」看著仗義的小唐，揪甘心的老袁眼淚都快飆出來了，趕忙交代一句：「我不會忘記你的大恩大德。」然後就不辜負人家好意地趁早開溜去也。

數年過去，當袁世凱榮陞直隸總督暨北洋大臣後，立刻把唐紹儀招攬為自己手下，這當中不只是對當年講義氣的報恩，更大的原因是袁世凱看上了他擁有的卓越談判能力。

我們從一件具體事件來看唐紹儀的能力吧。

一九〇四年，中英發生西藏問題，為了確保殖民地印度的利益，英國想讓西藏脫離中國，更試圖把西藏也變為殖民地。對此狀況，清朝任命唐紹儀為全權議約大臣，赴印度談判。

談判起初，英國使者霸氣十足地扔上《拉薩條約》表示：「啥都別談，直接給我簽字。」所謂《拉薩條約》，就是要清朝放棄在西藏的軍事、經濟、政治等權力讓與英國繼承，還要賠償英國五十萬英鎊。

唐紹儀則回應：「我是來『商議』的，不是任由你單方面要求的。」眼看唐紹儀頗為硬氣，英國使者只好展開談判，不過大致上態度仍是：「簽下去就對了，不然不排除訴諸武力解決。」

唐紹儀表示：「我水土不服，身體不適無法談判，這就告辭了。」

英國駐印總督——寇松。

啊？怎麼突然走人了？難道唐紹儀怕事落跑嗎？其實唐紹儀早就調查清楚，英國想要西藏脫離中國統治，是駐印總督寇松出的主意。但駐紮在印度的英國人對寇松的統治沒啥認同，所以唐紹儀研判：「寇松必會調職，現在應該拖延時間，等英國自身輿論的改變。」

果不其然，沒多久寇松被調職，之後的英國政府為了避免與清朝發生過大的衝突，最終和清朝簽下較為公平的《續訂印藏條約》，讓中國仍能保有西藏主權，是當時國勢衰弱沒本錢的清朝，少有的漂亮外交勝利。

能洞悉局勢，並揚己之長、攻敵之短，加上熟悉外交法律條文、人情世故，加上即席的口條能力，這就是唐紹儀能立足北洋集團的真本事。

優質能吏——趙秉鈞

無論是徐世昌，還是唐紹儀，相比清末同時代的社會大眾，他們擁有更多資源。徐世昌雖不算有錢，但也不至於太窮，而且應該家族背景不錯，不然很難加入有袁世凱這個地方望族存在的讀書會；更別說從小讀洋學堂的唐紹儀，那可是有錢人才能做到的事。他們在官場上的起點也因此比眾人更高（徐是翰林，唐則是海歸高材生），用「人生贏在起跑點上」來形容也不為過。

有道是：「英雄不怕出身低。」又有言：「將相本無種，男兒當自強。」北洋文官集團中，有一人出身窮困，且從基層官員幹起，最終在官場上成就卻不在唐紹儀之下，向各位介紹這位破落戶翻身的傳奇——趙秉鈞。

趙秉鈞，字智庵，河南省汝州人。

他幼年父母雙亡，由舅舅收養，因為生活條件不佳，十來歲就在家鄉店舖當窮忙夥計，那段處理雜務的時間，讓趙秉鈞逐漸培養起洗練的待人接物之道，相比多數時間在學堂啃書本的徐世昌、唐紹儀，他對基層民情世故更有一番獨特且深刻的了解。

二十歲時，趙秉鈞加入左宗棠部隊，前往新疆平定叛亂。在平定新疆後，趙秉鈞因協助清朝勘定與俄羅斯起爭議的國界有功，所以獲得候補巡檢的資格。

這裡解釋一下「巡檢」的職權，這是從九品官位的最低階官員，其主要職責是：巡防地方、稽查緝捕盜匪。簡單來說，就是捕快的頂頭上司。

不知各位看古裝劇時，有沒有出現以下橋段：

一個捕快大搖大擺地走進酒店，掌櫃立刻笑著奉上好酒好菜，捕快吹噓一頓、大吃一頓，然後曰：「記在我的帳上。」就通常不給錢地囂張離去，而掌櫃還要繼續陪笑送客。

為何捕快如此威風？因為他們掌有調查權、逮捕權以及司法權，而且沒有其他司法單位監督制衡。所以若是得罪捕快，到時他三天兩頭找線民騷擾你全家，甚至直接誣陷犯罪把你打到牢房，那真是有冤難伸，所以地方百姓都有一個共識：「別讓捕快不開心！」

但如此威風的捕快其實只是「吏」，根本不是國家的「官」。

我們常說「官吏」二字，但真要講究其中含意，所謂的「官」以現代概念來說，就是國家正職的公務人員；「吏」只是被「官」私人請來的約聘人員，兩者之間的差距，就用一種概念形容：有國家累積退休金的正式教師，和只能領時薪並在寒暑假會暫時性失業的代課教師。

這時如果有讀者想問：「那地方百姓受到吏的欺負，為何不告官呢？」

那就要提到中國任官的「迴避制度」了。

擔任巡警部尚書時的徐世昌（中）及趙秉鈞（左）。

明清時代，中央朝廷為了怕地方官在本地本族本家任職，形成尾大不掉的地方勢力，所以會讓官員遠離本地任職，也就是湖南人可能跑去廣東省當官，台灣人則絕不會當台灣的地方官。「迴避制度」使官員在異鄉任職時，往往搞不清當地民情，因此必須倚仗熟悉當地環境的「吏」協助治理。

這就是為何百姓不會向官員提出控訴，因為「官」、「吏」是勾結在一起的，告官不但不能解決問題，弄不好「官吏」還會聯合把人往死裡整啊！

如果捕快，一個古代的約聘警察，在地方上是如此不得了的存在，那管警察的警官，也就是巡檢，在老百姓心中的分量可能比皇帝還高（畢竟皇帝一輩子也看不了一次，巡檢可是隨時在你身邊）。

所以趙秉鈞雖只是個九品芝麻官，好歹進入國家官職體系，享有一定的地位。而在擔任巡檢，他藉由處理地方政務時「存」了一筆錢，之後靠著這筆存款疏通人事，得以調任直隸省並被小站練兵時的袁世凱網羅。

雖然加入北洋集團，但趙秉鈞起初地位並不特別重要，這點從他努力了六年，官位卻只到五品的知州可作為研判，可到了四十三歲時，他老兄終於抓住機會熬出頭了。

話說當時在八國聯軍後，簽訂《辛丑和約》的清朝注意到一件難事：合約要求，天津這座鞏固北京的海港都市竟不得駐紮清朝軍隊！

眼見門戶大開，清朝指示新任的直隸總督袁世凱：「你要想辦法。」袁世凱想出的辦法是：「洋人不許我們駐紮軍隊，那我們就安置警察吧。」

相信大家都明白，警察雖然比不上軍隊，但仍擁有可觀的武力（我國警察除配有手槍，個別情況還可攜帶長槍，甚至前些年還買了台裝甲車，算是成立了裝甲部隊）。不過警察制度對當年中國來說極為新穎，有誰能迅速了解並執行新的警察制度呢？

恭喜曾經擔任巡檢的趙秉鈞擔當此大任，籌建了天津警察隊，自己更擔任天津巡警局總辦（相當於天津市警察局長）；不僅代表中國自此擁有了現代化的警察組織，趙秉鈞也因掌握軍警體系，成為北洋集團中，少數以文人身分橫跨文武領域的異數。

北洋三傑

介紹了文官，自然不能忽略在亂世中能量極大的武將。

北洋集團的武將，大致上是在小站練兵時期確立，而參與小站練兵的將官，則大多來自清朝官辦的北洋武備學堂。此學堂是李鴻章為了培養現代陸軍人才建立，網羅當時最具潛力的青年才俊，這其中有三人才幹最為突出，他們在加入小站新軍後，還被時人譽為「北洋三傑」，並成為袁世凱的重點培訓對象。

北洋三傑之「虎」——段祺瑞

段祺瑞，字芝泉，安徽省六安縣人。

祖父及父親皆為淮軍出身，所以在十六歲那年，他投入了家族事業——從軍，並以優異成績考入北洋武備學堂，主修炮兵科，又以最優異的成績畢業，因此成為前往德國留學軍事的五位軍校生。

如此人才，袁世凱為徹底拉攏，有一天對他說：「聽說你的元配夫人過世了，不如我把自己的義女張佩蘅許配給你？」

段祺瑞一聽，連忙表示：「我願意！」於是袁、段二人自此有著特殊的親密關係。

另外，當袁世凱要成立三個旅的部隊時，他有意讓段祺瑞擔任其中一旅的領導。不過袁世凱知道若是自己任意安插親信，底下的人會覺得他賞罰不公，那部隊的向心力就完了。所以袁世凱宣布：「我們以考試成績來決定誰能擔此大任。」然後他心中暗想：「芝泉，你可要爭氣、得考上啊。」

結果段祺瑞的筆試測驗結果：第一次，沒通過……第一旅長官沒當上；第二次，又沒通過……第二旅長官沒當上；第三次考試前……袁世凱急了！於是他把段祺瑞叫過來問：「你怎麼搞的？考了兩次都沒上？」

段祺瑞表示：「我臨場考試會緊張，本來會寫的，結果都不會寫了。」

袁世凱盯著段祺瑞一會兒，然後說：「不中用的東西，這就把你難住啦？明天再來找我！」

隔天段祺瑞去見袁世凱，只見老袁先環顧四周，確定只有他兩人後，拿出了一捲紙，偷偷塞給段祺瑞：「考題在這，趕快拿回去背熟，這次一定要給我考上！」

看著主帥竟然為自己洩題，段祺瑞回到住處，不僅仰天大叫：「袁宮保如此照顧，日後我定不負他啊！」

雖然段祺瑞被稱為北洋之「虎」，不過這並非形容他在戰場上的表現，而是段祺瑞本人的性格極為強勢剛硬，事實上，若論縱橫沙場的征戰才能，反而是北洋三傑中，排名第三的馮國璋，表現最為出色。

北洋三傑之「犬」——馮國璋

馮國璋，字華甫，直隸省河間縣人，跟段祺瑞同為北洋武備學堂的優等生，也去德國留學過。

（上）北洋之虎——段祺瑞。
（下）北洋之犬——馮國璋。

如果現在有人用狗形容另一個人，可能就被按鈴申告毀謗了。可在古代，說人是「狗」並非全然貶抑，像馮國璋被稱為狗，是因為他為人比較忠厚（相對其他官員而言，在亂世中，不奸怎麼在軍政界存活），尤其在認定袁世凱這位有能力的老長官後，更是甘願為其效勞。

武昌起義爆發後，袁世凱在初期請段祺瑞坐鎮北方，穩定大本營軍心跟觀察政局；而實際在前線拚殺的重責大任，則交由馮國璋解決。馮國璋也的確善戰，只花四十一天（這還要扣除剛開始按兵不動的八天），就把革命軍給打殘，甚至差點就要拿下武昌，由此可見其兇悍的戰術能力。

段、馮二人表現雖是如此傑出，但令他們扼腕的，是還有一人的才華評價更為出色，奪得北洋三傑中的第一名，那人名曰：王士珍。

北洋三傑之「龍」——王士珍

王士珍，字聘卿，河北省正定縣人。

十五歲時，被正定鎮台葉志超收做勤務兵，開始軍旅生涯；之後加入北洋武備學堂，主修炮兵。

和段、馮二人相比，王士珍的特色是能注意到戰局中的細微事務。比如甲午戰爭時，王士珍跟隨葉志超部隊增援朝鮮平壤，在歷經一番激戰後，平壤被日軍攻克，葉志超部隊陷入潰逃的局面。當眾多清軍部隊因為不熟悉朝鮮地理而無所適從之際，只有王士珍攜帶地圖，這才在一路上收攏及引領殘軍平安撤退。

而在小站練兵時，有一次兵部尚書（等於國防部長）榮祿檢閱新建陸軍，當時身任督操營務處會辦（也就是軍中行政長官）、講武堂總教習（也就是軍校主任教官）的王士珍，在軍隊行進到一條海河時，觀察到河面不寬、尚有冰凍，就用特製的帆布做橋搭於冰上，讓軍隊得以快速行進。而且這種帆布橋稍加整理後即為小舟，還可做簡單遊渡功能，讓榮祿讚嘆不已！

真正讓榮祿心服的，是等到檢閱完畢，王士珍又要架帆布橋渡海河，榮祿問：「天已漸暖冰河解凍，這樣有危險吧？」王士珍卻說：「不用擔心，三天後冰凍方解。」結果冰河真的三天後才消失，榮祿立刻擺了一桌酒席，宴請犒賞這位不可多得的人才。

另外在袁世凱要就任山東巡撫前夕，王士珍奉命先行前往巡視，結果當他回來時，袁世凱問：「聘卿此行有何收穫？」王士珍立刻攤開繪製了山東各要隘、軍營的軍事地圖，還設計了周密的駐兵計畫，使袁世凱驚呼：「你是怎麼在不到一個月的時間裡辦到的？」

北洋之龍——王士珍。

王士珍可靠的表現，使袁世凱對他極為倚重，凡是重要軍務，袁世凱必問：「聘卿審核沒有？」上奏或下發的文稿也一定讓他修改審閱。

我曾以為：「如此看來，王士珍比較像待在大本營中的後勤將領，那他能獨自領軍赴前線作戰嗎？」後來發現，自己真是小看了王士珍，因為我翻到另外兩則資料。

一則是王士珍在甲午戰爭的平壤戰役時，曾親自率領炮兵隊在城頭上鏖戰，最後左手無名指被炸掉，額頭也被彈片擊傷後才因傷撤退，這足以證明他在戰場上的兇悍。

另一則是光緒三十四年（一九〇八年），王士珍任江北提督期間，曾率江北新軍參加即將舉辦的太湖秋操。出發前，他令士兵抬了很多標有「無鉛箭」、「餅餌」的箱子，當手下好奇詢問搬運物品為何，王士珍只是高深莫測地表示：「沒我命令，不得開啟。」後來在秋操期間，革命黨員柏文蔚率領一千多位新軍發動起義，這讓清軍將領發慌，因為操練時，他們率領的部隊被下達軍火管制，所以當時是既無子彈又無兵餉，根本無法振壓起義。這時王士珍打開了箱子，所有人才知道，原來「無鉛箭」是子彈、「餅餌」是銀兩，這是王士珍以備不時之需所做的戰備。在「領錢、拿裝備、平亂黨」的命令下，革命黨的起義在彈指間灰飛煙滅，這就是王士珍高人一等的謀略。

擁有傑出才能，加上袁世凱為了壓制在軍中威望不斷提升的段、馮二人，常調動王士珍的職務，將他安插在重要地位以求制衡，人們因為王士珍深不見底的智慧，還有捉摸不定的職務調動，推舉他為北洋三傑之「龍」。

看了以上介紹，除了感嘆北洋集團的高素質，更讓老ㄕ佩服的，其實是袁世凱的識人之能、任用得宜的手腕，還有讓這些精英甘願為其效命的領導力。「能用眾力，則無敵於天下矣。」這是在三國中稱霸一方的孫權所說名言，我想同樣適用於擁有強大團隊，並在清末變局中茁壯的袁世凱。

第五章

大清帝國的最後掙扎

慈禧的反撲

管錢、涉權、轄軍，還擁有堅強的團隊；袁世凱的一切，都看在慈禧眼裡。能掌權四十多年，且度過如太平天國、英法聯軍、中法戰爭、甲午戰爭、戊戌政變、八國聯軍……這些重大危機的老佛爺，深知：「袁世凱的權力太大，這對大清王朝絕非好事。」所以慈禧任用袁世凱，卻也逐步收回他過多的權力。

慈禧遏制袁世凱的第一步，就是先收回兵權。

話說清朝本設有兵部負責國防，但在太平天國之亂，兵部掌控的綠營、八旗作戰表現不佳，各地官員所練的鄉勇反而成為國防主力，由於鄉勇是地方官員的私家軍，兵部已經很難直接進行差遣指揮。

甲午戰爭後，隨著最強鄉勇——淮軍的慘敗，兵部趁機籌建新軍，這其中尤以捍衛北京安全的武衛軍系統最為重要。

所謂武衛軍，共分五大體系，分別是：聶士成的武衛前軍、董福祥的武衛後軍、宋慶的武衛左軍、袁世凱的武衛右軍、兵部尚書榮祿自領的武衛中軍。這支國防軍的戰力可不含糊，聶士成的武衛前軍曾在八國聯軍第一次進犯北京時，硬是把二千多人的洋人部隊爆打一頓，史稱「廊坊大捷」；榮祿的武衛中軍則跟袁世凱的右軍一樣採德式訓練，而且人數、裝備都頗為精良，這點從八國聯軍收繳武衛軍的彈藥庫時，曾驚訝地說：「武衛軍竟然有比我們更新型的克魯伯大炮？」就可以證明。

鐵良。

可惜在慈禧太后宣布跟各國列強開戰，而列強派出近五萬名陸戰隊成員第二次進攻北京後，除袁世凱駐紮在山東的武衛右軍，其餘四支部隊慘遭擊潰以致消亡。（令人遺憾的是，由於義和團仇視一切西洋事務，配備新式武器的新軍竟也被他們視為仇寇而攻擊，像是前面提到的勇將——聶士成，其部隊不但常遭義和團騷擾，當他本人在戰場陣亡後，義和團還意圖搶奪聶士成屍體好進行戮屍；也就是說，很多新軍將士根本是被中國人自己消滅的。諷刺的是，最後還是因為聯軍掌握了聶士成的屍體，才使這位英烈勇將保存全屍。被自己人仇視，為外人所救，聶士成泉下有知，真不知該作何感想？）

隨著武衛軍的瓦解，兵部再無可用之兵，袁世凱則趁勢而起，在聯軍撤離後，呈請朝廷建立「練兵處」負責訓練現代化新軍，至此袁世凱握有最強部隊的指揮權，以及籌建軍隊的行政權。

慈禧收兵權的方式很簡單，她下令：「開辦『陸軍部』負責督練新軍，原練兵處併入『陸軍部』，並任命宗室鐵良為陸軍大臣。」

練兵處被裁撤，袁世凱就沒了行政權；鐵良是陸軍大臣，北洋軍須歸他指揮，部隊指揮權也因此消失；何況鐵良還把北洋軍六鎮中的四鎮換上滿人當指揮官，進一步架空了袁世凱對北洋軍的影響力。

壓制袁世凱的第二步，就是切斷他深耕的地方勢力。

袁世凱之所以能掌握眾多交通及經濟單位，是因為他以直隸總督職權，在「建設地方」這光明正大的理由之下，能在眾多大小事務上安插幕僚，好培養勢力並掩護眾多建設中所獲取的灰色收入。

慈禧對付老袁的方式是：任命袁世凱為軍機大臣。

清朝的軍機處負責向皇帝提出建議，是最接近帝國權力核心的單位。聽到袁世凱從地方官調往中央，許多官員紛紛向他道賀：「恭喜、恭喜！」而袁世凱則暗自表示：「嗚呼哀哉！」

軍機大臣雖然是最接近權力中心的人，可是其職權只對皇帝提出建議，若是皇帝不用軍機處的意見，大臣們也只能窩在辦公室裡喝茶閒談，可不比直隸總督擁有一定的自主權。簡單來說，袁世凱根本是被「明升暗降」，難怪他鬱悶至極。

可等到袁世凱進入軍機處，這才發現……還有更鬱悶的事等著他。因為就連到了中央部門上班，慈禧仍然在壓制他！

慈禧壓制袁世凱的第三步，就是給他小鞋穿。

先說說那一年，跟袁世凱一起上班的同事們。

首先是軍機大臣之首慶親王奕劻，這位可是袁世凱在政壇上的老相好。當初為了方便處理地方事務，袁世凱特意結交主掌中央的奕劻。如何結交？方法是：首先送上一張十萬兩的銀票（約新台幣一億二千萬）作為見面禮，接下來在奕劻的生日、奕劻老婆的生日、奕劻兒子的生日、奕劻兒子結婚、奕劻女兒結婚，以及他們一家人看戲請客的費用全由袁世凱包了！而且還會定期呈上年費、月費等等孝敬。

所以袁世凱看到奕劻，心照不宣地客套幾句，然後一轉身看到當年也入軍機的張之洞，立刻行禮致敬，畢竟人家可是改革派大佬，而且對自己也頗多照顧。接下來他看到張之洞的姐夫鹿傳霖，也是當年的軍機大臣，這下心底更穩妥了些，畢竟有三位同事跟自己關係不錯。

此時滿族權貴世續也走進了辦公室，此人雖具改革思想，不過在政策理念上和袁世凱有著不同看法，也與他保持若即若離的關係。

但看見最後一位同事，袁世凱可是徹底地戒慎恐懼。

「袁大人，恭喜你入軍機。」

「謝醇王爺的恭賀，王爺比我早入閣，還請別吝於指導世凱啊。」

袁世凱一邊打哈哈，一邊觀察眼前之人的態度，他是醇親王載灃，光緒的親弟弟！

各位還記得袁世凱在戊戌政變的態度，還有一肚子怨念的光緒嗎？哥哥的心意，弟弟載灃完全接收到了，所以表面上他對袁世凱不冷不熱，私底下則找機會對袁世凱搞小動作，不時刺他一下。

載灃清楚慈禧老佛爺支持袁世凱，有所收斂，要是沒有上面的攔阻……載灃早把老袁給剁了！

有這麼一位身分尊貴且極度仇視他的同事一起辦公，袁世凱忍不住要哀嘆：「太

隆裕太后和末代皇帝溥儀。

后……你這招『穿小鞋』，真是慪死我袁世凱啊。」

隨著「奪兵權、明升暗降、穿小鞋」三招一出，袁世凱勢力不如以往，而且見識了老佛爺的厲害之後，更加死心塌地為她效勞。

到了一九〇八年十一月十四日，這天發生一件大事，光緒皇帝於瀛台過世！

慈禧立刻表示：「由醇親王載灃之子——溥儀，繼承為帝。」

之所以選三歲的溥儀當皇帝，除了年紀小、好控制外，最重要的原因是慈禧和醇親王一家的關係非常密切。

慈禧的胞妹婉貞，是醇親王奕譞的福晉（福晉在滿語，原意貴族婦女，後定義為大老婆），所以醇親王一家大小都跟慈禧沾親帶故，像婉貞親生兒子載湉（就是光緒皇帝）要叫慈禧「姨媽」。

奕譞的二兒子載灃，雖非婉貞親生，但在古代宗法制度下，載灃必須要叫婉貞一聲「母親」；對自己的親生老媽，也就是醇親王的小老婆，只能叫「阿姨」。

所以在眾多「溥」字輩後代中，載灃的兒子與慈禧關係最為親密，他們要稱慈禧為「姨婆」。就是在這根本沒多親密的血緣關係下，載灃的大兒子溥儀繼承皇帝寶座。

從立一個跟自己具有親屬關係的三歲小孩來看，七十二歲的慈禧老太太還想繼續當皇太后，掌控清朝政局。想不到，她的健康狀況在隔天突然迅速惡化！

到了一九〇八年十一月十五日下午五時，慈禧撒手人間，結束掌權四十多年的動盪人生，成為後世人眼中的：孝欽慈禧端佑康頤昭豫莊誠壽恭欽獻崇熙配天興聖顯皇后。愛新覺羅・溥儀即位，年號宣統，載灃成為攝政王，實際執掌國家大權，這也代表……袁世凱的劫數來臨了！

載灃從沒忘記為他的老哥光緒復仇，袁世凱也知道攝政王不爽他很久，所以他試圖化解兩人之間的恩仇。好比有一次，袁世凱對載灃說：「國賴長君，醇王爺何不自己繼承大位？世凱願在此事上竭力為王爺奔波。」

看著眼前擺低姿態的袁世凱，載灃這麼回答：「混帳！太后的遺命豈可違背？你身為大臣應顧好自己的本分，我愛新覺羅家的事，容不得你插手！」

召來一頓嚴厲申斥的袁世凱明白，他與載灃的恩怨是不可能化解了！而握有主動權的載灃，當然不會任憑報仇的良機消逝，他決定把袁世凱召到宮廷，當場數落他的罪狀，然後……讓他死！

載灃之子溥儀，在其著作《我的前半生》提到：

「有位在內務府幹過差使的『遺少』給我說過，當時攝政王為了殺袁世凱，曾想照學一下康熙皇帝殺大臣鰲拜的辦法。康熙的辦法是把鰲拜召來，賜給他個座位，那座位是一個只有三條好腿的椅子，鰲拜坐在上面不提防給閃了一下，因此構成了『君前失禮』的死罪。

溥偉。

和攝政王一起制定這個計畫的是小恭親王溥偉，溥偉有一柄咸豐帝皇帝賞給他祖父奕訢的白虹刀；他們把它看成尚方寶劍一樣的聖物，決定由溥偉帶著這把刀，做殺袁之用。」

雖然溥儀對這則傳聞的評價是未可置信，可老ㄕ認為，這則傳聞就算並非載灃的實際方案，卻也代表他要殺袁世凱的心意是多麼直接。就在袁世凱即將性命不保之際，有一人決定鼎力相救；畢竟他與老袁是榮辱與共，也只有他，有足夠的智慧及威望，調動各方資源實施救袁大計。北洋老相國——徐世昌，出手了！

第一步：聯繫重量級官員，為袁世凱求情擔保。

當載灃提出殺袁主張，慶親王奕劻、軍機大臣張之洞，這兩個地位最崇高的滿漢大臣立刻提出反對。張之洞還跪在地上、連連叩頭表示：「國有大喪，不宜誅戮大臣。」這讓載灃感受到了莫大阻力。

第二步：聯合軍方施壓。

戍衛北京、直隸的北洋軍，皆由袁世凱一手拉拔訓練而成，此時雖不由老袁統轄，但以往提攜之恩猶在，所以徐世昌趕忙聯絡眾多軍官，要他們務必鼎力相助。

載灃同樣認識到北洋軍對當時政壇的影響力，為避免軍隊發生譁變，他密電徵詢幾位北洋軍的漢族將官：「我要殺袁世凱，你們能確保北洋軍秩序嗎？」結果他們的答覆差點讓載灃氣暈過去！

「請勿誅袁，如必誅袁，則先解除臣等職務，以免兵士有變，致辜天恩。」

（說白點，就是咱們北洋軍力挺我們的老長官。）

雖然前面兩招很有力度，不過據說載灃還是想斃掉老袁，所以徐世昌邁出了第三步：說動隆裕太后。

按慈禧臨死前的布局，載灃任攝政王掌管政務，而本為光緒皇后、慈禧姪女的隆裕太后接管皇族事務。某方面來說，隆裕太后是唯一能利用貴族權力稍微壓制載灃的局勢平衡者。

於是徐世昌透過慶親王奕劻，不斷告訴隆裕太后：

「攝政王如果擅殺大臣，這樣顯得太霸道，何況袁世凱也是挺可憐的，您要仁慈些啊？」

性格本就被光緒及慈禧評為「懦弱」的隆裕太后，本著多一事不如少一事的原則對載灃說：「就饒袁世凱一命吧。」

無論政壇、軍方，甚至是自個家族都不挺他，這讓載灃徹底鬱悶了！他只好以皇帝名義下令：「軍機大臣外務部尚書袁世凱，夙蒙先朝擢用，朕登極之後，複與殊賞，正以其才可用，使效馳驅，不意袁世凱現患足疾，步履維艱，難勝職任。袁世凱著即開缺，回籍養痾，以示朝廷體恤之意。」

這就是載灃為不得已的處置方式：「殺不了你就趕走你，給我滾回老家等死去！」權勢顯赫的袁宮保，就在新帝即位沒多久，倉皇地告別北京城，回到河南老家。歸隱臨行前只有兩人相送，這似乎應證了那句古話：「一朝天子一朝臣。」

心懷野望的漁翁

袁世凱回到河南後，舉家遷至在彰德府添購的洹上村豪宅——養壽園。每天他飲酒賦詩，遊歷於山水園林之中，甚至拍下一張身穿蓑衣，手持釣竿，悠然置於扁舟中垂釣的照片，並題詩：「身世蕭然百不愁，煙蓑雨笠一漁舟；釣絲終日牽紅蓼，好友同盟只白鷗。投餌我非關得失，吞鉤魚卻有恩仇；回頭多少中原事，老子掀髯一笑休。」至此，袁世凱多了一個自號——「洹上漁翁」，用行動表明他對世事的不關心。

當真如此？

袁世凱的這張垂釣照片，其實不難找，因為當年他加洗數百張分送親友，請問哪一個甘於平淡的人會如此大肆宣揚？好似唯恐天下不知？

甚至老ㄕ還找到袁世凱寫的另一首詩：「百年心事總悠悠，壯志當時苦未酬；野老胸中負兵甲，釣翁眼底小王侯。思量天下無磐石，嘆息神州變缺甌；散髮天崖從此去，煙蓑雨笠一漁舟。」

我自問國學能力不高，可老覺得這首詩是在表達：「我本來好有才，卻被現在

洹上漁翁。

當權者的嫩逼惡搞，這才讓我有現在這副德性啊！」根本像是充滿酸味的抱怨文。

如此不甘現狀的詩不只一首，老袁還曾做一首五言絕句，詩曰：「樓小能容膝，檐高老樹齊，開軒平北斗，翻覺太行低。」前兩句滿普通的，表達住處小而精美，可後面兩句怎麼一下提到直達「北斗星」，然後又高過「太行山」？這像是甘於退休生活的表達嗎？

事實上，歸隱期間，袁世凱仍與北洋軍官，如馮國璋、段祺瑞等人定期連繫，而且起初他們還只是低調地密信往來，後來這些一線將領索性直接登門拜訪，向他匯報軍中情況，這顯示袁世凱仍積極維繫在軍中的影響力。

政治上，老友徐世昌並未因袁的失勢受影響，反而官運越發火熱，當袁世凱在家釣魚，他先後擔任東三省總督、尚書（古代中央部門的主管官銜），最後升任內閣協理大臣（就是內閣副總理）。這位北洋老相國利用他的政治勢力，持續幫袁世凱疏通中央政府的人事，而昔日的政治盟友奕劻也是定期和袁世凱聯繫，傳遞朝廷事務，讓老袁往往比一些朝廷大官更了解京中的政治動態。甚至袁世凱還要求大兒子袁克定，與各國公使保持聯繫，這當中尤以英國公使朱爾典，與袁家往來特別密切。

總之，袁世凱謫居河南期間，其實相當不安分，可以用「以靜制動，藏於九地之下」來形容。

同一時間，攝政王載灃開始「大開大闔，動於九天之上」的鞏固權力。

軍事上，載灃放逐袁世凱後，先是宣布代皇帝為全國陸海軍大元帥，隨後成立由他指揮的禁衛軍（共兩協，人數在一萬以上）。另外他任命廕昌為陸軍部大臣、載洵為海軍部大臣、載濤及毓朗為軍咨大臣（相當於今天的參謀總長）。如此的人事安排，是載灃企圖建立專屬於滿州貴族的武力，收回自太平天國以來，下放給漢人的武力。

政治上，載灃持續削減袁世凱的羽翼。掌握軍警系統的趙秉鈞，率先被免職；長於外交事務的唐紹儀，自覺沒趣地請辭；至於屬於政治中樞的軍機處，則安插毓朗、那桐制衡慶親王奕劻。

在宣統年間，載灃表面威風、老袁深藏不露，但兩個死對頭同樣表現對權力的掌控慾望。

時間來到一九一一年十月十一日，這天是袁世凱的五十二歲生日，前來安陽洹上袁府祝壽的客人絡繹不絕，並送上不少罕見珍寶做為賀禮。為表慶賀，隔天，袁世凱和眾多訪客聽曲看戲、把酒言歡，這時一個僕役衝了進來：「老爺，有大事發生了！」僕役稍稍緩口氣，然後念起手中的電報：「二天前，革匪領著武昌新軍作亂，武昌城已經淪陷。」

一言既出，眾聲俱寂；當所有人皆感驚慌時，袁世凱在心中吶喊：「屬於我的時刻終於來臨了！」

亂世謀國

隨著武昌起義及陽夏之戰越演越烈，各地反清勢力受此激勵，紛紛冒出頭搞革命。清朝政府感到大事不妙，先是下令陸軍大臣廕昌率北洋軍趕赴前線鎮壓叛亂，後來為確保萬無一失，於十月十四日下詔：「著袁世凱為湖廣總督，赴武漢節制各軍平定亂黨。」

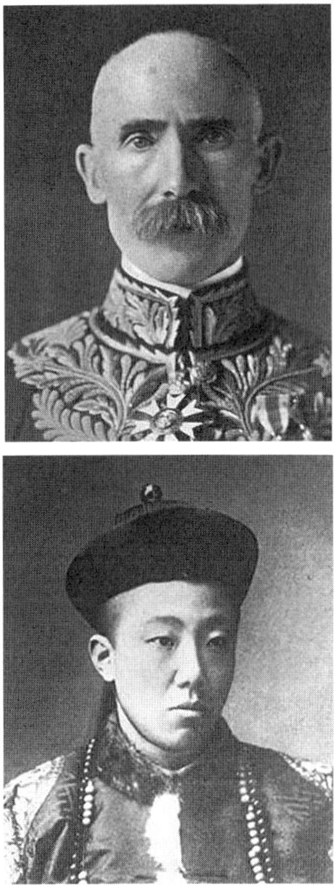

（上）朱爾典；（下）載濤。

袁世凱回覆：

「唉呀！我腿有病，身體不好，沒法奉召討賊了。」

其實袁世凱健康得很，他真正的意思是：「你要我去就去？還以為你是當家，我是打雜的？當初不是說我腿有病把我開除，要我滾回家？現在我就繼續生病，躺在家中看你乾著急！」

清朝沒料到袁世凱竟然擺譜，不肯出山，眼見亂局越加嚴重，只好詢問：「到底要怎麼樣你才肯出山？」

袁世凱也毫不客氣地開出條件：

一、召開國會。

二、組責任內閣，實行君主立憲。

三、解除黨禁。

四、寬容起事的革命黨人。

五、我（袁世凱）需總攬全國兵權。

六、寬與軍費，以便全力抗敵。

有關條件一、二、三，是為了安撫立憲派人心。

自庚子後新政以來，清朝一直喊出「立憲」的主張，曾讓改革派人士抱以無比的寄望。誰知道清朝先是宣布「十年才能成立憲法」（改革派人士ＯＳ：「一部法律要修十年？你玩我啊？」），然後成立內閣組織的十七個大臣中，漢族只有六人，讓廣大的漢族相當不爽（改革派人士ＯＳ：「要你搞內閣，你搞個『皇族內閣』，這表示滿族權貴根本沒有真心想要讓各方人士參與政事……你們這些官員當真玩我是吧！」）。

所以武昌起義爆發後，各地許多立憲改革派人士在對清朝由愛生恨的情形下，索性加入革命黨的行列（比如首義地區的湖北省，就有立憲派幹將——湯化龍參與其中）。

因此袁世凱要清朝趕緊立憲、開國會，安撫立憲派人士，減少清朝的敵對勢力。不過這僅是表面的理由，真正的目的，是袁世凱藉機當上內閣總理，掌握住清朝的朝政大權，好讓他更容易操弄局勢。

第四條內容，名義上是安撫革命黨人，但這條件看看就好，因為袁世凱及清朝對革命黨都沒有好印象，這只是拉攏人心的應急措施。真正要注意的，是第五、六條的要求：掌握軍權！

雖然那句「槍桿子出政權」還沒在清末誕生，但在政壇打滾多年的袁世凱怎會不明白：「軍權，是亂世中最強力的倚靠！」所以他趁亂局出山之際，獅子大開口地要求掌管「全國兵權」，這其中包括由載灃成立的禁衛軍。

身為政敵的攝政王載灃自然不會答應這些要求，可眼看武昌起義一發不可收拾，再不啟用袁世凱，恐怕革命軍就要殺遍全國、直衝北京，於是掌管宮廷大權的隆裕太后下令：「罷免載灃攝政王之位，以示負責；答應袁世凱一切要求，著令袁世凱即刻趕赴前線指揮各軍作戰。」

眼見政敵倒台、要求達成，袁世凱滿意地上工表現了。

十月三十日，袁世凱抵達湖北前線，對馮國璋說：「華甫，拿出你的真本事，狠狠地打上幾仗，讓朝廷那幫權貴知道咱北洋軍的厲害。」一直按兵不動的馮國璋感到振奮：「等的就是你這句話！」

於是北洋軍大舉進擊，先破革命軍於劉家廟、再陷漢口、後占漢陽，連戰連勝的馮國璋正準備拿下武昌，徹底粉碎革命軍時，卻收到袁世凱的長途電話：「節制各軍暫緩攻城，切莫輕舉妄動。」

馮國璋矇了……「眼看戰事就要結束，怎麼可以停止進攻呢？」這位北洋之犬卻不知道自己的上司正在經營一個謀略……打、活、仗！

「飛鳥盡，良弓藏；狡兔死，走狗烹。」

對歷史稍有興趣的朋友對這句話應該相當熟悉，自古君王多矛盾，既使用人才卻又防範人才；等到不需要人才時，則把人整得連渣也不剩。

文種為越王勾踐策畫「伐吳七術」，勾踐誇他是肱骨之臣；結果吳國滅了，勾踐給文種一把劍要他自殺。

韓信為劉邦征戰天下，劉邦稱他是國士；結果死對頭項羽滅亡後，劉邦對韓信施以五刑（在臉上刺字、削鼻、砍腳趾、拿木棍痛扁一頓，最後砍頭）。

藍玉為明太祖朱元璋北伐蒙古，朱元璋說他是大將之才；結果仗打完了，朱元璋把他滿門抄斬。

由此可知：賣命賣得好，最後命賤像根草。眼見君王薄情，人才也找到了反擊之道，那就是「打活仗」。

「打活仗」的經典案例，是唐朝黃巢之亂期間，山南東道節度使劉巨容曾率兵大破黃巢叛軍，當他的軍隊正要追擊好永除後患，劉巨容卻命全軍停止進攻。部下問他：「為何不一口氣殲滅？」劉巨容說：「朝廷沒良心，危難時不惜花大錢封大官來犒賞人才，可等到亂局平定卻把功臣給忘了，不如把這群賊留著，讓戰爭持續，朝廷就會接著重用我，讓我能從中獲得好處啊。」

回想自己為大清鞠躬盡瘁二十多年，期間立下無數貢獻，下場卻是差點沒命！袁世凱心寒地認為：「這樣的朝廷不值得我效力！」因此他不只是單純地打活仗養賊自重，還要藉機威壓革命黨、脅迫清政府，謀取最高權力！

不過還沒等老袁有動作，一個始料未及、差點絕殺清朝的危機突然出現！

袁世凱的回歸

清朝的南方新軍之所以會加入革命勢力，其中一個重要因素，就是這些新軍都喜歡任用去日本留學的軍官。

話說在清末，日本因為物價便宜而且距離較近，成為當時許多留學生的熱門選擇；但革命黨的大本營就在日本（像是同盟會根本就是在日本東京成立的），這些留學生幾乎都沾染了革命思想。所以袁世凱在組建北洋六鎮時，特別要求北洋軍不得聘請留日軍官，就是防止革命勢力的滲透。不過隨著北洋軍擴建，難免就有例外出現。

吳祿貞。

比如：號稱「北洋士官三傑」的第六鎮統制吳祿貞、第廿鎮統制張紹曾、第二混成協協統藍天蔚，此三人就是留學日本並加入北洋軍中。

或許當時錄用他們的長官是這麼想：「放棄如此優秀的人才真是太可惜了，偶爾不遵守規矩也不會怎麼樣吧？我就不信邪，難不成他三人剛巧會是革命黨？」

是的，就這麼巧。

吳祿貞參加興中會、藍天蔚參加過日知會，加上張紹曾不滿清朝對立憲的消極態度，這三人竟然聯合部分新軍，在灤州發動兵變，史稱「灤州起義」。

灤州，現在叫灤縣，距離北京二百一十一公里，搭火車約二小時內可到，用走的估計兩天也就抵達了，這代表……灤州新軍隨時可以攻打北京，直接摧毀清朝！可惜的是，本有機會對清朝實施斬首行動的吳祿貞，卻碰上了回歸政壇的袁世凱。

袁世凱對於灤州起義相當重視，畢竟要是革命黨人直接掛掉了清朝，那他亂世謀國的把戲不就沒得玩了？於是他趕忙調查情況，隨即發現這場起義中，吳祿貞的革命立場最堅定。

「擒賊先擒王，先掛掉帶頭的，看你們還怎麼鬧！」

於是袁世凱收買了吳祿貞的手下周符麟，讓他約吳祿貞在辦公室談話，結果當吳祿貞前往赴會，並在談話完走出辦公室時，預先埋伏的殺手突然衝出以手槍攻擊！

嘣！槍響過後，吳祿貞倒地身亡，時年三十二歲。可憐這位革命黨人，做不成開國的元勛，成為了慘死的烈士……

同為革命黨人的藍天蔚，眼看苗頭不對，迅速開溜。至於張紹曾則在袁世凱許諾給予官位後，立刻放棄兵變，反倒幫著安撫被鼓動的士兵。本有機會讓革命黨一舉消滅清朝的「灤州起義」，就在袁世凱的彈指間灰飛煙滅……

＊＊＊

穩住了後方，袁世凱接下來要搞定前線。為此，袁世凱於十二月一日派代表找革命軍指揮蔣翊武、吳兆麟，簽定停戰協議。接著在十二月四日撤換連戰皆勝的馮國璋，改委任段祺瑞統率北洋軍，深明老長官企圖的段祺瑞就此甚少對武昌發動進攻。

但革命勢力並未隨著陽夏之戰的落敗而消停，相反地，一些後起之地的重要性已經超越了武昌，比如有「龍盤虎踞」美名的南京。

在晚清的軍事改革中，各省紛紛成立新軍部隊。本來按照清朝的規劃，每一個省分都要有一個「鎮」等級的新軍（一鎮官兵是一萬二千五百一十二人，相當於今日一個師的編制），但是許多省分沒有能力馬上成立如此大規模的新軍，所以往往

先成立人數較少的「混成協」，之後再慢慢擴增至「鎮」的等級。但是這些擴增的「鎮」，如果沒能通過清朝陸軍省的校閱，只能給予「暫編鎮」的番號，象徵程度未達認可。

在此標準下，只有三個體系的部隊通過校閱，成為名符其實的「鎮」。它們分別是：袁世凱訓練的北洋六鎮、張之洞訓練的湖北第八鎮（也就是武昌起義後的革命軍主力），以及江蘇的陸軍第九鎮。

江蘇、浙江是清朝最富庶的省分，既是大清國重要的財政來源，打造一支精銳部隊鎮守，那是再合理不過。但清朝政府卻沒料到，革命組織——光復會就是以浙江為主要根據地，他們趁著陸軍第九鎮招募江浙子弟入伍時，進行不少滲透工作，使這支排名前三強的部隊，早參雜了革命思想，成為清朝的不定時炸彈！

所以當清朝把主力都調往湖北鎮壓革命時，陸軍第九鎮內部的革命黨人立刻聯絡江浙地區各股勢力，組成號稱有三十萬之眾的「江浙聯軍」，迅速打爆了時任兩江總督的北洋軍將領張勳，讓江蘇、浙江兩省獨立。革命黨人因此在江浙地區中最重要的城市南京，宣布成立中華民國臨時政府，成為革命勢力新的大本營。

當時全國已有十五省宣告獨立，清朝在關內十八省中，僅保住了甘肅、河南、直隸、山東；乍看之下，革命勢力占上風，但實際上，清朝仍大有可為。

清朝掌握地盤雖然少，但卻是鐵板一致、聽命中央；相反地，宣布獨立的省分卻是各自為政的散沙，而有些革命勢力也已經受到鎮壓。

比如山西的閻錫山被清朝的曹錕一陣暴打，撤離了根據地；廣西原本推舉的獨立長官，被「土匪軍閥」陸榮廷趕跑；河南、黑龍江的革命分子，剛宣布獨立沒多久就給人滅了。至於位在東南的中華民國臨時政府，雖放話要讓底下的三十萬大軍渡過長江展開北伐；實際上，這三十萬人龍蛇混雜，很難被整編成一支強大的軍隊跟北洋軍抗衡。

眼看袁世凱成為難以跨越的阻礙，革命黨人在熱戰的同時，一邊也很務實地派人和袁世凱協商：「你要怎樣才肯放棄效忠清朝？」

袁世凱也不客氣地表示：「讓我當上未來中國領導人！」

於是雙方開始在檯面下進行不少暗盤交易。

比如：

一九一一年十一月九日，檯面上，革命軍總司令黃興在漢陽與北洋軍激戰；檯面下，他卻打了封電報，向袁世凱表示：「若你能率領北洋軍倒戈、直攻北京，你將是革命功臣第一人；到時南北各省都會聽命於你，你會是新中國的拿破崙與華盛頓！」

又比如：

十一月十二日，檯面上，湖北軍政府領導人黎元洪主持武昌前線各項軍事；檯面下，他也給袁世凱打了封電報：「若你能率領北洋軍歸附革命勢力，第一任中華共和國大總統就非袁莫屬！」

收到革命軍的意見，袁世凱很是滿意，於是在十二月九日，他宣布與全國革命軍保持停戰十五日以示談判的善意。同一天，黃興再度打電報向袁表示：「如果你

投靠革命黨，大總統寶座就是你的了。」而在十二月十五日，各省革命代表在南京聚集，卻沒選出臨時總統，很大的原因是保留位子給袁世凱，鼓勵他向清朝倒戈。眼看形勢越加順利，袁世凱索性不再搞暗盤交易，直接派出最信任的談判專家唐紹儀與革命黨交涉，而唐紹儀在經過數次談判後，回報袁世凱：「革命黨人認為要穩定新中國局面，非你不可，他們都支持你當大總統。」

正當袁世凱認為未來的領導寶座手到擒來之際，卻出現一個糾纏袁世凱下半生的冤孽，打亂了他一切的布局。

一九一一年十二月二十五日，同盟會領袖——孫文從美國歸來，登陸上海主持革命大局，並在六天後，隨即成為中華民國的臨時總統！

孫文的攻心計

袁世凱矇了，之前不是說大總統寶座非自己莫屬？怎麼突然就來個孫文把臨時總統的位置搶走？難不成自己被這群出爾反爾的亂黨玩了？

火大至極的袁世凱，立刻宣布：「終止一切談判，準備重新開戰！」就在一切又要動亂之際，孫文卻打了一封電報給袁世凱：

「北京袁總理鑒：文前日抵滬，諸同志皆以組織臨時政府之責相屬。問其理由，蓋以東南諸省欠缺統一之機關，行動非常困難，故以組織臨時政府為生存之必要條件，文既審艱虞，義不容辭，只得暫時擔任。公方以旋轉乾坤自任，即知億兆屬望，而目前之地位尚不能不引嫌自避，故文雖暫時承之，而虛位以待之心，終可大白於將來，望早定大計，以慰四萬萬人之渴望。孫文。」

（翻譯如下）

孫文我前幾天到了上海，一大堆革命同志都要我負責組織臨時政府。那是因為他們覺得東南各省缺乏一個統一的行政機構，行動非常困難，必須組織一個臨時政府，我這才不得已地擔任臨時大總統。

雖然世凱大大您肩負推翻滿清的重任，但以您現在滿清內閣總理大臣的地位，不能不避嫌一下，免得被人指責你是篡位之人哪！所以小的孫文先暫時幫你當總統，就是為了幫你避開別人的說嘴。這大總統之位，其實還是留給你的，希望你早點搞定滿清啦。啾咪！孫文。

這下可不只袁世凱矇，連革命陣營的人也全矇了。

本來都已經談得妥妥地，你卻搶著當總統；當上之後，卻又說隨時準備讓袁世凱繼承當總統。這是哪招？

孫文絕非亂搞，而是一輩子激進的他，難得的冷靜和深思熟慮。他這麼跟人解釋：「你們有沒有聽過欲擒故縱？如果我們一味對袁世凱示好，只會讓他瞧不起咱們的實力，還會養大他的胃口，予取予求。現在由我孫文當臨時大總統，為的就是告訴他：『別以為真的非你老袁不可！』這樣被逼急的袁世凱就必須配合我們的步調，加速讓清朝倒台好證明自己的價值，如此就更有利我們的革命事業了。」

這時有人提問：「孫先生，可是我們現在有軍隊有地盤，未必真就輸給了袁世凱，為何不自立自強，直接硬幹清朝，而是要跟袁世凱合作呢？」

面對這樣的疑問，孫文解釋：「說實在話，中國未來領導人的位置，當真是『非袁不可』。」

袁世凱手握北洋軍，又是開明改革的官員，深得清朝官吏以及部分革命勢力的推崇；由他領導，未來各派系的衝突應該能少一些。但最重要的是……袁世凱還擁有外國列強的支持！

早在我趕回中國前，先去了歐洲各國募款；當了臨時總統後，更試圖爭取列強對臨時政府的認同，可卻無任何一國表達支持。袁世凱不一樣，之前倫敦和芝加哥華僑電報都支持袁世凱擔任總統；英國駐華大使朱爾典，更是協助他促使各國公使表態一致支持袁世凱。光憑這一點，我們革命黨就輸了！因為只要列強不支持我們，新的中國政府就無法安穩成立。所以為了中國的未來，我們需要袁世凱的支持，為了共和的成立，這個總統寶座隨時可以讓給他！」

孫文的招數起了效用，眼見革命勢力沒有想像中好對付，袁世凱心想：「我雖不怕革命黨，但真鬧起來，也夠我折騰；如今大清怕是真的不行了，何況我也不可能做回大清的順臣，那我必須盡快地解決這一切，叫隆裕太后和那六歲小皇帝快點讓出天下。」

於是袁世凱決定，動用各方勢力壓迫清朝退位！

首先袁世凱表示：「太后，前線將士不肯作戰啊！」

主政的隆裕太后大驚，問道：「這是怎麼一回事？」

袁世凱：「因為他們說沒軍餉，所以不肯作戰。」

隆裕太后說：「唉呀……這……好吧，我拿出八萬錠黃金，並叫所有貴族親王捐款。」

於是隆裕太后最終交出四千萬元（折合新台幣八十億）的巨款給袁世凱，然後北洋軍仍舊不打仗，平白無故讓袁世凱得到一筆巨款。

之後，袁世凱又向隆裕太后表示：「太后，我打不贏革命黨啊！」

隆裕太后怒問：「不是已經給你軍費了嗎？北洋軍又兵強馬壯，怎會打不贏那群逆賊？你給我講清楚這是怎麼回事？」

良弼。

袁世凱：「回稟太后，革命黨深得民心，他們是剿不盡、殺不完。甚至他們勢力早已滲入京城，隨時會對咱大清權貴們不利，我一心努力想要維護大清，確實是沒法子啊！」

隆裕太后再不懂世事，不僅也質疑：「袁世凱，你不會是嚇唬我吧？」

而許多滿族青年權貴，包括禁衛軍總統良弼、恭親王溥偉、前攝政王載灃的弟弟載濤，他們也發現袁世凱不對勁，眼見這老頭玩兩面手法還不肯認真剿賊，為了捍衛自己的富N代人生，這群滿族少壯派人士於是組成了「宗社黨」。

宗社黨的成立目的，是以維持滿清宗廟社稷為主旨；他們極力主戰，不但要消滅萬惡的革命亂黨，也把袁世凱視為叛賊。

雖然宗社黨人都是富N代，但可別以為他們沒見識，他們除了積極尋求貴族間的認同，還企圖重掌軍隊的控制權。

當初袁世凱為了徹底壓制清朝，開下了掌管全國兵權的條件，之後為了控制北京城這至為重要的政治中樞，他還任命馮國璋取代良弼，成為禁衛軍的指揮官。卻沒想到宗社黨成立時，立刻就宣布：「咱們讓馮國璋擔任會長。」而馮國璋竟也答應了。

（袁世凱的心中OS：「馮華甫！你是要氣死我啊？好不容易把禁衛軍從良弼那扒過來，你竟給我自動往他們身上靠？你是當清朝的狗太久，沒一點獨立自主的想法嗎？」）

除了明刀明槍的對幹，宗社黨人還企圖透過暗殺，直接做掉袁世凱。當然，這些抵抗在已經掌握大局的袁世凱面前，簡直是螳臂擋車，可卻著實是個麻煩。但似乎連上天也在幫助袁世凱，這樣的麻煩，竟有人幫袁世凱解決了。

話說在武昌起義後，同盟會成立了「京津同盟會分會」，負責北方的革命起義，其中一個策略，就是派人到北京搞暗殺活動。

於是在一九一二年一月十六日那天，袁世凱上朝完準備從紫禁城回家，結果當他走到T字路口時，路旁的茶樓上突然扔下一顆炸彈！

轟！暗殺過後，一片狼藉，這一炸讓袁世凱的侍衛部隊死傷十多人，而袁世凱……一、點、事、都、沒、有。甚至他還藉此表示自己被驚嚇，索性不上朝，躲在家裡休息放大假，真是得了便宜又賣乖。

眼看暗殺失敗，京津同盟會分會又派出另一個炸彈客彭家珍，這次的目標，則鎖定宗社黨中言論最激烈的領袖良弼。一月二十六日，良弼乘車返家，這天他到處串門子，就是為了聯繫各個貴族，加強對付袁世凱。忙了一整天的他，眼看就能回家好好休息，結果等他看到自個兒家門時，卻有一個向他奔馳的人影——

「去死吧！」

彭家珍高喝一聲，隨即引爆炸藥！

轟！暗殺過後，一片狼藉，彭家珍當場身亡，良弼也被炸成重傷，並在兩天後不治身亡。

彭家珍。

（袁世凱表示：「好ㄟ，我第一次覺得革命黨如此地可愛。」）

看見良弼被炸得唏哩嘩啦的，本來喊打喊殺的宗社黨瞬間全部安靜了，然後過沒多久就自行解散。

收到良弼身亡的消息，隆裕太后嚇呆了，趕忙問袁世凱：「怎麼會搞成這樣？」

袁世凱回答：「都是老臣無力，但我真沒辦法啊。」

幾天後，袁世凱拿來幾封電報：「太后，看一下吧！」

隆裕太后接過來一看，竟是多國公使聯合要求清朝下台的聲明，當隆裕用顫抖的聲音說：「袁世凱……」她只得到一句回應：「老臣真沒辦法。」

又過幾天，袁世凱特地進宮給隆裕太后講了一個故事：「話說法蘭西國也鬧過一場大革命，逼退了他們的皇帝及皇后，本來人民是對待皇室好好的，但皇帝和皇后不願意喪國，硬要跟人民討回地位。結果人民不開心，就把皇帝跟皇后都給推上斷頭台殺了，連子孫都不得好死啊！」

隆裕太后開始嚎啕大哭：「嗚嗚嗚～～～袁世凱，你說我們這對孤兒寡婦該怎麼辦哪？」

袁世凱也跟著哭道：「太后，這一切都是老臣不力啊！嗚嗚嗚～～～我跟革命黨談了半天，發現實在無法保存大清半壁江山，最多只能爭取到一些優待條件……」

「優待條件？什麼優待條件？」

面對隆裕皇后的疑問，袁世凱語帶哭腔地說：「回太后，革命黨人說，如果我大清願意自動退位，他們不但不殺我大清宗室，還願意保留皇城給予居住，並每年提供生活費照顧，讓我大清皇室受永遠優惠待遇。」

隆裕太后有些出神了，原來亂黨不一定要逼死自己啊？不過要自己下令宣布結束大清朝，這似乎又有些不大適合？

眼看隆裕太后還有些矜持，袁世凱突然高聲說：「但老臣想過，寧為玉碎不為

奉
旨朕欽奉
隆裕皇太后懿旨前因民軍起事各省響應九夏沸騰
生靈塗炭特命袁世凱遣員與民軍代表討論大局
議開國會公決政體兩月以來尚無確當辦法南北
睽隔彼此相持商輟於途士露於野徒以國體一日
不決故民生一日不安今全國人民心理多傾向共
和南中各省既倡議於前北方諸將亦主張於後人
心所嚮天命可知予亦何忍因一姓之尊榮拂兆民
之好惡是用外觀大勢內審輿情特率皇帝將統治
權公諸全國定為共和立憲國體近慰海內厭亂望
治之心遠協古聖天下為公之義袁世凱前經資政
院選舉為總理大臣當茲新舊代謝之際宜有南北
統一之方即由袁世凱以全權組織臨時共和政府
與民軍協商統一辦法總期人民安堵海宇乂安仍
合滿漢蒙回藏五族完全領土為一大中華民國予
與皇帝得以退處寬閒優游歲月長受國民之優禮
親見郅治之告成豈不懿歟欽此
宣統三年十二月二十五日
內閣總理大臣臣袁世凱
署外務大臣臣胡惟德
民政大臣臣趙秉鈞
署度支大臣臣紹英
學務大臣臣唐景崇
陸軍大臣臣王士珍
署海軍大臣臣譚學衡
司法大臣臣沈家本
署農工商大臣臣熙彥
署郵傳大臣臣梁士詒
理藩大臣臣達壽

宣統三年十二月二十五日《清帝遜位詔書》。副署名者有內閣總理大臣袁世凱、署外務大臣胡惟德、民政大臣趙秉鈞、署度支大臣紹英、學務大臣唐景崇、陸軍大臣王士珍、署海軍大臣譚學衡、司法大臣沈家本、署農工商大臣熙彥、署郵傳大臣梁士詒、理藩大臣達壽。

瓦全！跟這群亂黨沒啥好談的，乾脆死戰到底，和亂黨拚個玉石俱焚，讓皇太后跟皇上死後面對大清眾多祖宗也毫不愧疚，我這就傳令拒絕接受優待條款！」

「等一下！」

隆裕太后慌張地說：「先別拒絕！讓我……考慮一下。」

袁世凱暗自竊笑，他知道距離大清滅亡又更近一步了。

以上這場宮殿對談，並非老ㄕ杜撰，因為當時在場的六歲的小皇帝溥儀依稀記下了這個情節。

據溥儀所著的《我的前半生》，曾有以下記述：

「我糊裡糊塗地做了三年皇帝，又糊裡糊塗地退了位。在最後的日子裡所發生的事情，給我的印象最深的是：有一天在養心殿的東暖閣裡，隆裕太后坐在靠南窗的炕上，用手絹擦眼，面前地上的紅氈子墊上跪著一個粗胖的老頭子，滿臉淚痕。我坐在太后的右邊，非常納悶，不明白兩個大人為什麼哭。這時殿裡除了我們三個，別無他人，安靜得很，胖老頭很響地一邊抽縮著鼻子一邊說話，說什麼我全不懂。後來我才知道，這個胖老頭就是

袁世凱。這是我唯一一次看見袁世凱，也是袁世凱最後一次見太后。如果別人沒有對我說錯的話，那麼正是在這次，袁世凱向隆裕太后直接提出了退位的問題。」

到了一九一三年一月二十六日，袁世凱決定給予清朝皇室最後一擊。這天駐紮在武昌前線的段祺瑞，拍了一封電報回到北京，而這封電報，還附帶其他前線四十多位將領的署名，其內容為：「請明降諭旨，宣示中外，立定共和政體。」這就是清末民初極為重要的「孝感通電」，代表北洋軍正式不再效忠清朝。段祺瑞隨後更率部分軍隊殺回直隸省，展現武力逼宮的姿態。

這一招徹底讓清朝崩潰了，連前線軍隊都殺回來要搞掉清朝，當真大勢已去。於是在二月十二日，大清帝國皇帝愛新覺羅・溥儀陛下，奉隆裕皇太后懿旨，頒布了《清室退位詔書》。詔書中提到：「即由袁世凱以全權組織臨時共和政府，與民軍協商統一辦法。」這表示袁世凱是清朝退位後，北方政權的合法繼承人；而孫文在袁世凱逼宮成功後，也卸下臨時大總統職位，讓與袁世凱。自此南北統一的中華民國正式誕生。

第六章

一個國家、三股勢力

登上臨時大總統寶座的袁世凱。

「民國建設造端，百凡待治，世凱深願竭其能力，發揚共和之精神，滌蕩專制之瑕穢，謹守憲法，依國民之願望，達國家於安全彊固之域，俾五大民族同臻樂利。凡茲志願，率履弗渝。俟召集國會，選定第一期大總統，世凱即行解職。謹掬誠悃，誓告同胞。大中華民國元年三月初十日。」

隨著誓詞宣讀完畢，袁世凱笑了，他登上臨時總統寶座，成為中國的最高領導人。

與此同時，六歲的小皇帝溥儀，對現況仍然懵懂。在他看來，他仍生活在這大得過分的宮殿之中，明黃色仍是他隨時可見的專屬色彩。相比之下，四十四歲的隆裕太后則充滿了自責及委屈：「大清祖宗的家業，為何要丟在我的手上？」她在一年後去世，結束不幸福的人生。前攝政王載灃則窩居家中，不斷重複那句沒有意義的牢騷：「我早告訴你們，袁世凱不可信啊！」

而民國建立後，孫文、黃興、汪精衛、宋教仁……等人，從本來被通緝的亂黨，成為受人景仰的先知先覺者。至於在辛亥革命中，居功厥偉的湖北軍政府眾人，也形成威望極高的「武昌首義集團」，這其中的成員有：

蔣翊武，文學社領導人。

雖然因為被通緝，未能實際參與武昌起義，但他所成立的文學社對武昌起義有不可抹滅的貢獻。蔣翊武更在黃興離開武昌後，接任戰時總司令，穩定民心。民國成立後授予陸軍上將銜，但他並未接受，之後接受宋教仁的邀請加入國民黨。

孫武，共進會領導人。

雖然因為自爆，未能實際參與武昌起義，但他所成立的共進會對武昌起義有不可抹滅的貢獻。湖北軍政府時期，擔任軍務處處長。說來搞笑，很多民眾從名字來看，竟以為他是「孫文的弟弟」。於是很多人說：「孫文的兄弟都來現場了，看來革命黨很有心啊！」因此激勵了士氣。

張振武，同盟會成員。

在陽夏之戰期間，負責湖北軍政府的財政，也曾多次趕赴前線參與戰事。民國成立後，被時人尊稱「共和元勳」。

以上三位在民國成立後知名度頗高，被人稱為「首義三武」，但可別忘了其他哥們。

吳兆麟，湖北新軍成員。

武昌起義時擔任革命軍臨時總指揮並率軍攻下武昌，之後擔任湖北軍政府的參謀，他在眾人間居中協調的功勞極大。民國成立後授予上將銜。

蔡濟民，共進會成員。

擔任湖北軍政府的參謀，在陽夏之戰中，頗有謀劃之功。民國成立後授予中將銜。

鄧玉麟，共進會成員。

在他的聯繫下，文學社、共進會得以協力合作。民國成立後授予中將銜。

熊秉坤，共進會成員。

武昌起義就是由他率領的工程第八營發動，民國成立後授予陸軍少將銜。

金兆龍，共進會成員。

由於他沒按規定持有槍械，引起跟長官的爭執，最後促發了武昌起義。民國成立後授功勳。

程正瀛，共進會成員。

就是他開了極具歷史意義的「起義第一槍」。民國成立後授一等功。

還有一人，首義集團的領袖——黎元洪。

本是清朝軍官的他，雖然是在革命軍群龍無首之際，被趕鴨子上架地拱上都督職位。但在革命期間，仍有效地領導湖北軍政府，使得他在革命集團中有不容小覷的地位。因此當民國成立進行「中華民國臨時大總統」選舉時，這哥們竟然被提名，然後落選（有效票十七票中，孫文十六票、黃興一票、黎元洪〇票）。不過接下來獲得十七票的一致支持，當選了「副總統」，在新政府中占有一席之地。

只是當眾人為這些活著的元勛歡呼時，似乎忘了，在陽夏之戰中，犧牲生命的謝元凱、馬榮、孟華臣……等眾多將士。他們的屍首在漢口、漢陽失守後，被北洋軍下令由當地民眾挖坑掩埋，當時人們把這個掩埋處稱為「六大堆」（因為挖了六個大坑，共埋葬六千多人）。這些當不成「元勳」的烈士，因動盪不安的政局，而始終乏人紀念、無人供奉……

三大勢力較勁

民國成立，共和新生之際，曾經勢不兩立的前清官員袁世凱和革命首領孫文，相處得水乳交融、一團和氣（起碼他倆都這麼聲明）。

當時袁世凱邀請孫文來北京共商建國策略，兩人會晤十三次之多，有好幾次還談了足足十多個小時，可見雙方對會談的認真及重視。在此之後，孫文喊出：「大總統非公（袁世凱）莫屬。」袁世凱也表示：「孫先生的意思我雖未能完全透徹，但一定在治國時多加參考。」另一位革命黨領袖黃興，也發表對袁世凱的評價：「今日中國第一人物！」

一時之間，思想新穎的革命黨，搭配精明幹練的前清官員，加上同樣具有改革意識的立憲派人士在前兩者間穿針引線，大家齊心協力建設國家真是何等美麗的……假、象、啊！

如果各位仔細看中華民國的建國史，不難發現，革命黨若非聯合前清官員及立憲派的勢力，統一的中華民國還不知民國幾年才能誕生。雖然三者的合作使國家迅速誕生，但是思考的衝突卻絕非一夕之間能化解；加上革命黨本身也是派系林立，有孫文的同盟會、發動武昌起義的首義集團、陶成章的光復會，導致不同派系往往為了利益及權力分配的問題互相攻訐。

比如：

新國家成立了，總該有面國旗吧？然後就有三方人士吵起來了！

孫文指著青天白日旗說：「當然要用咱們革命黨的象徵。」武昌起義的眾人則高舉鐵血十八星旗：「當初起義時，我們就已經用這面旗代表革命，沒理由不繼續用啊！」袁世凱的北方勢力則攤開五色旗：「各位不覺得這五族共和的設計理念才是好棒棒來著？」如此爭議，也象徵著同盟會為主的革命黨、武昌首義集團、北方前清勢力的三方衝突。

吵到最後，臨時參議院做出一個和稀泥的決定：五色旗成為國旗、鐵血十八星旗成為陸軍旗、青天白日旗成為海軍旗，這才算勉強應付過去。

以為衝突結束了嗎？不！國旗吵完後，接下來繼續吵……國慶日要訂哪一天？現在大家習以為常的十月十日國慶日，主要用意是紀念武昌起義成功，可在當年，這卻未必是所有人都認同的紀念日。

先說十月十日這個提案，是由湖南、湖北籍人士提出，之所以力挺這天是國慶，那是因為武昌起義就是由兩湖人士發動；要是這天成為國慶，兩湖人士還有昔日武昌革命軍，不但會贏得當時人的喝采，還能昭告後人：「看到沒？新中國能成立，都是咱們兩湖人士的功勞啊！」

四川人士有意見了：「武昌起義能成功，是因為四川發生保路運動，清朝為了鎮壓，這才調動湖北軍隊入川，為起義創造了有利背景。如果沒有我們四川人先鋪底，哪能輪到你兩湖人士成功？所以這國慶日應該訂在保路運動的這一天啊！」（搞笑的是：四川人到底要把國慶日訂哪一天，他們自己也不清楚。畢竟保路運動有一連串的事件發生，要特別用哪一個事件爆發日作為紀念日，四川人自己都沒有一致的意見。）

然後又有一派說：「要不是黃花崗起義先震驚全國，後來的武昌起義哪能如此輕易地成功？所以應該用三月二十九日（或是國曆的四月十二日）當國慶啊！」這主意自然是參與黃花崗起義最賣力的廣東人以及同盟會成員提的，至於原因也就不需再多做說明了。

如果像國旗、國慶這些只具象徵意義的事物都可以吵成一鍋粥，那麼大家想想，若牽扯到更實際的「權力分配」問題，那、又、會、吵、成、什、麼、樣、子、呢？

首先革命勢力內部先喬不攏。

在陽夏之戰時期，革命代表曾為了要在上海或是武昌開會發生爭執。而在南京被革命軍攻陷，當各省代表推舉黃興為大元帥、黎元洪為副元帥後，兩湖人士立刻抗議：「黃興是敗將，而且我們兩湖子弟打陽夏之戰那麼辛苦，憑什麼黎元洪只能當副元帥？」

面對這樣的質疑，幸好黃興大度地表示：「黎都督主持湖北軍政府的確勞苦功高，這大元帥應該由他當。」

可惜，不是所有人都對名利如此豁達，像首義三武中的共進會領導人孫武，就對權力分配錙銖必較。

根據一些資料指出，孫武曾經找過孫文，表示希望能在臨時政府取得一官半職，可見此人熱衷於官場功名，結果當臨時政府公布了內閣官職名單：

陸軍總長：黃興（同盟會成員）、次長：蔣作賓（前清軍官）

海軍總長：黃鐘瑛（前清軍官）、次長：湯薌銘（前清軍官）

司法總長：伍廷芳（前清外交官）、次長：呂志伊（同盟會成員）

財政總長：陳錦濤（前清軍官）、次長：王鴻猷（同盟會成員）

外交總長：王寵惠（同盟會成員）、次長：魏宸組（同盟會成員）

內務總長：程德全（前清軍官）、次長：居正（同盟會成員）

教育總長：蔡元培（同盟會成員）、次長：景耀月（同盟會成員）

實業總長：張謇（前清官員，而且還中過狀元）、次長：馬君武（同盟會成員）

交通總長：湯壽潛（前清官員）、次長：于右任（同盟會成員）

總統府秘書長：胡漢民（同盟會成員）

這讓孫武炸鍋了！這份名單上卻沒有武昌首義集團的人物，更沒有他孫武的名字！他對此表示：「我決定籌組『民社』，好對抗同盟會的勢力。」

不過有道是：「要刮別人鬍子前，先把自己的刮乾淨。」孫武對人不滿，別人也對孫武不滿；原來在湖北軍政府時期，他利用軍務處處長身分安排人事時，幾乎只安排湖北老鄉或是共進會成員擔任要職，文學社、湖南人士則被他有意無意地邊緣化。所以當孫武成立「民社」，還是只安插湖北人擔任重要職位時，湖南人炸鍋了！他們發動了「倒孫運動」，讓孫武灰頭土臉地離開武昌，轉而投靠與革命勢力最疏離的袁世凱，擔任總統府的高等顧問。

看到這裡，想必已經有讀者感嘆：「能共患難卻無法同富貴啊！」但黃興、孫武的遭遇，只是權力分配衝突的冰山一角，真正引起軒然大波的，還是南方革命黨與北洋袁世凱的雙方歧見。

袁世凱就任民國臨時大總統後，先翻桌開罵：

「革命黨都不是個東西！」

原來他注意到，自己當上的臨時大總統，竟只是「名義上」的最高領袖！因為規範新生共和的最高法律依據——《臨時約法》，竟從最初的總統制改成了內閣制，也就是說：大總統權力被架空，反而是臨時參議院總理擁有實權。

「革命黨選孫文當臨時總統時，不還是總統制？怎麼換我做時，就給我改成內閣制？這不明擺著坑爹嗎？」

如果孫文聽到袁世凱的抗議，他大概會兩手一攤地回答：「要罵可別罵我。這法律不是我改的，改的人……是宋教仁！」

原來早在孫文與袁世凱磋商和平統一中國時，宋教仁為了防範袁世凱日後大權在握，破壞他心目中的民主政治，藉機把《臨時約法》改成他心儀的內閣制。這使得臨時參議院總理職位，成為新一波政權爭奪戰的核心問題。當時袁世凱雖是國家元首，但革命黨人卻掌握國會較多的議員席次；雙方都希望總理會是自己陣營的人，問題是：有人同時兼具革命黨員還有北洋集團的雙重身分嗎？

答案是：有！那人叫做唐紹儀！

唐紹儀內閣——各派勢力妥協的破局

唐紹儀在朝鮮襄助海關事務，結識袁世凱，還幫他躲過生死危機，因此在袁世凱提攜下，得以一展談判之能，在清朝外交事務中擔任要職，所以唐紹儀擁有北洋集團的身分是無庸置疑。

但唐紹儀是怎麼跟革命黨搭上關係的？

這就要提到，袁世凱在武昌起義後復出，後來為要跟南方革命黨談判，於是讓唐紹儀多次與革命黨人往來協商事宜。在此期間，革命黨對他建立不錯的印象，而唐紹儀也覺得革命黨其實挺不賴的，所以在民國建立後，竟然加入中國同盟會成為了革命黨員。

對充滿各派勢力的新生民初政壇來說，唐紹儀簡直是不可多得的總理人選。除了上述所說，他兼具北洋集團及革命陣營的雙重身分；他本人還是廣東省香山縣人，是孫文的小同鄉，在私人關係上，也是讓孫文等人感到親切熟悉的。身兼精明能吏、袁世凱親信、革命黨人、孫文同鄉等身分，還有誰比他更適合擔任總理呢？

於是唐紹儀當上第一屆的臨時參議院總理，各部會首長也隨即出爐，他們分別是：

外交總長——陸徵祥、內務總長——趙秉鈞

財政總長——熊希齡、陸軍總長——段祺瑞

海軍總長——劉冠雄

司法總長——王寵惠、工商總長——宋教仁

唐紹儀內閣閣員。前排右起：唐紹儀、胡惟德、劉冠雄、王正延、蔡元培；後排右起：魏宸組、王寵惠、段祺瑞、施肇基、宋教仁。

教育總長——蔡元培、交通總長——施肇基

參謀總長——黃興（但黃興本人拒絕擔任參謀總長一職，於是改任命為「南京留守」，負責編遣南方的革命軍）。

這個極具意義的第一屆臨時內閣，由於司法、工商、教育三部門，加上總理唐紹儀皆為同盟會人士，所以被稱為「同盟會內閣」。表面上，這是革命黨人的勝利，但實際上，外交、內務、財政、陸軍這一類實權部門，全被袁世凱的北洋勢力控制。至於海軍，則是被福建人控制，因為大清海軍的人才幾乎都由福建發跡，這不是袁世凱的北洋勢力以及新興的革命勢力能染指的。

這名單可是袁世凱的心機盤

算，簡單來說，他讓革命陣營贏得面子，但實際裡子中的好處，他是一點都不肯讓。不只如此，袁世凱會任命唐紹儀當總理，真正的用意不是平衡勢力，真正心態應該是：「小唐與我共事最久，由他來擔任總理，一定偏袒我這一邊，這樣一來，我這總統還是能對政壇產生影響力。」

可惜……袁世凱錯了。

堅守內閣制精神的唐紹儀，一絲不苟地施展總理的職權，這使得他與本就頗有想法的袁世凱出現越來越多的衝突。

比如：

民國政府成立後，繼承了清朝時期的大批賠款。這些賠款需分期還清，但中國當時財政收入其實呈現負成長狀態，因此當還款時限到期，民國政府大多時候根本拿不出錢還債。為了避免債務違約，政府只好使用一個爛招：「向各國借款，然後拿借款還清以前的欠款。」這就形成了以債養債的惡性循環，政府不但永遠還不了欠款，還要負擔新借款的高額利息，但很悲哀的是……還真沒有更好的應急辦法可使用。

唐紹儀內閣成立後，立刻就面臨還債問題，於是唐紹儀邀請英、美、德、法四國銀行商議借款，結果四國銀行的專員跩個二五八萬地表示：「既然你們誠心誠意求了，那我們就大發慈悲地告訴你；其實我們不是很肯借，但真要我們借錢也不是不行。首先我們會訂出一個超高的還款利息，再來民國政府必須讓我們四國銀行可以任意監督調閱你們中國的財務紀錄，這是為了避免你們把現款藏起來，不支付我們開出的利息。」

唐紹儀一聽這話滿肚子不是滋味：「任意監督調閱中國的財務紀錄？如此國家機密怎能輕易洩密？」所以唐紹儀改找還稍有良心的比利時銀行，和他們借了一百萬英鎊準備還款。

豈料英、美、德、法四國銀行突然炸鍋了！他們向臨時總統袁世凱抗議：「你們的總理怎麼可以不經過我們同意就跟其他人借款？」

恰好當時袁世凱提出的一些案件被唐紹儀駁回，於是袁世凱在有點不爽的情況下，找了唐紹儀：「少川，聽說最近四國銀行借款的事情有些內情啊。」

唐紹儀：「大總統這話是什麼意思？」

袁世凱：「有人說：『唐總理為何那麼急於向比利時銀行借款呢？是不是唐總理為了向革命黨示好，所以緊急借款，然後把錢給南方的革命黨軍隊啊？』」

唐紹儀怒道：「這一切都是宵小之輩的流言！大總統也知道四國銀行貸款條件苛刻，而戰爭賠款的還款日即將到期，我這才向比利時銀行借款啊！然後借款我是全部都拿去還債了，絕沒有任何一毛錢拿作他用！」

袁世凱：「那你也該在借款前，先跟我這大總統商議啊？」

唐紹儀：「根據《臨時約法》，這是總理的職務範圍，不需跟總統商議。」

袁世凱被唐紹儀這麼一頂，頓時惱羞成怒地滿臉通紅。他盯著唐紹儀一會兒，然後突然冷笑著說：「少川，我老了，你當我這總統吧。」

還沒等唐紹儀反應過來，袁世凱又陰惻惻地說：「反正我是沒幾天好做啦，這

大總統位置早晚要讓給你們（革命黨人）的。」

唐紹儀矇了，他不過是依法行事，怎麼袁世凱如此相逼？於是四國銀行事件在老袁及小唐之間種下了心結，而兩人的關係，最終因「王芝祥事件」而徹底鬧翻。

所謂的「王芝祥事件」，是民國元年有位政治立場較偏革命黨的軍職人士王芝祥，被直隸省議會推舉為直隸省都督，於是唐紹儀將推舉結果報告給袁世凱。一開始袁世凱表示：「此事好商量。」唐紹儀一聽：「好商量？既然你說好，那就趕快辦理吧。」於是通過王芝祥為直隸總督的命令。

我想小唐是真的跟老袁喪失默契了，因為老袁口中的「好商量」，並不是指他覺得這主意很好。事實上，直隸省是袁世凱的大本營，都督則掌管一省的軍事，袁世凱怎會讓一個親革命黨人士掌管自己大本營的軍事呢？所以袁世凱就暗中指示直隸省軍官，群起反對王芝祥擔任直隸省都督，試圖讓唐紹儀撤銷人事命令。

但唐紹儀卻很堅持自己的任命，因為他知道，此時他表態若不堅決，展現出總理的權威，以後將再無威信處理國家大事。

誰知袁世凱竟壓根不甩唐紹儀，他直接發了一道大總統令，廢除王芝祥的任命，把人攆到南京去了。

王芝祥。

（老ㄕ補充：按《臨時約法》規定，大總統令須由內閣總理簽名才有法律權力，而袁世凱當時的大總統令是沒給唐紹儀簽名的。）

唐紹儀怒了！

於是在民國元年六月十七日，他遞出辭呈，而且不等袁世凱批示就離開了北京。那時距離他坐上內閣總理寶座之初，還不滿三個月……當初眾人對於唐紹儀的背景是那麼無庸置疑地一致推崇，如今卻是如此快速地崩解，這對新生民國宛如不祥的徵兆。

在南北雙方大搞權力鬥爭的同時，革命勢力的內部矛盾也逐漸激化。在民國元年（一九一二年）八月十六日，一個令人震驚的消息出現：共和元勳——張振武，遭政府槍斃！

張振武案——革命勢力決裂的徵兆

在武昌首義集團中，張振武是個特殊的存在。

同時身兼「共進會」跟「同盟會」會員身分的他，使兩派人馬均對他產生一定的隔閡（懷疑他跟對方比較熟）。他的脾氣火爆、個性衝動且直接，這點從眾人都放低姿態勸說黎元洪加入，他卻主張乾脆槍斃就能看得出來；這也使得黎元洪和他結下不小的私怨。

而陽夏之戰期間，負責湖北軍政府財務的張振武前往上海購買武器。當時他通

知黎元洪：「請速匯八萬五千兩（用來購買炮彈）。另外訂了一萬套的軍用雨衣，還需五萬兩付款。」黎元洪回覆：「你怎麼買的都是不能用的廢槍？還有你購買的武器數量不太對勁，好像太少了些？」張振武說：「武器數量少，是因為我把一半的軍火送到山東資助別人北伐，別管太多，反正有啥事，我負責！」帳目交代不清並擅做決定，這使黎元洪對張振武的印象進一步惡化。

所以在民國成立後，黎元洪索性把張振武送到北京，美其名是接受政府表揚及官職安排，但實際上則是趕走這眼中釘。沒想到張振武入北京一段時間後，突然悶不吭聲地返回武昌。黎元洪可起疑心了：「請你去北京好好待著你不肯，回來武昌也不通知一聲，該不會這人是想在武昌培養自己的勢力好扳倒我吧？」

在如此恩怨糾葛的背景下，有一次武昌因欠餉和裁兵引發兵變，當黎元洪強力鎮壓時，竟然得出張振武「有可能」是煽動兵變的元兇的說法（注意，僅是有可能喔）。這下黎元洪決定要跟張振武算總帳了，他在八月十三日自武昌給袁世凱一封密電，以下是原文：

張振武。

「張振武以小學教員贊同革命，起義以後充當軍務司副長，雖為有功，乃怙權結黨，桀驁自恣。赴滬購槍，吞蝕鉅款。當武昌二次蠢動之時，人心皇皇，振武暗煽將校團，乘機思逞。幸該團員深明大義，不為所惑。元洪念其前勞，屢予優容，終不悛改，因勸以調查邊務，規劃遠漠，於是大總統有蒙古調查員之命。振武抵京後，複要求發鉅款設專局，一言未遂，潛行歸鄂，飛揚跋扈，可見一斑。近更蛊惑軍士，勾結土匪，破壞共和，倡謀不軌，狼子野心，愈接愈厲。冒政黨之名義以遂其影射之謀，借報館之揄揚以掩其凶橫之跡。排解之使困於道途，防禦之士疲於夜，風聲鶴唳，一夕數驚。賴將士忠誠，偵探敏捷，機關悉破，弭患無形。吾鄂人民胥拜天賜，然餘孽雖殲，元憝未殄，當國家未定之秋，固不堪種瓜再摘，以梟獍習成之性，又豈能遷地為良。元洪愛既不能，忍又不敢，回腸蕩氣，仁智俱窮，伏乞將張振武立予正法，其隨行方維系屬同惡共濟，並乞一律處決，以昭炯戒。此外隨行諸人，有勇知方，素為元洪所深信，如願回籍者，請就近酌發川資，俾歸鄉里，用示勸善罰惡之意。至振武雖伏國典，前功固不可沒，所部概屬無辜，元洪當經紀其喪，撫恤其家，安置其徒眾，決不敢株累一人。皇天后土，實聞此言。元洪藐然一身，托於諸將士之上，闒茸屍位，撫馭無才，致起義健兒變為罪首，言之赧顏，思之雪涕，獨行踽踽，此恨綿綿。更乞予以處分。以謝張振武九泉之靈，尤為感禱！臨穎悲痛，不盡欲言。」

要說黎元洪的文言文已經算淺白了，但整篇看下來，還是容易讓人頭昏，所以老ㄕ按自己的理解，給大家翻譯：

「張振武對革命是有功勞的，但他喜歡搞小團體、不服從上級、去上海買軍火時還貪汙，而且竟然想在武昌搞兵變！我（黎元洪）心腸好，本來不想跟他計較，但一想到現在國家是如此飄搖不定，實在容不下張振武這一肚子壞水的賊廝，所以我懇求袁世凱大大把他給斃了吧！

其實下這個決定，我也是千百萬個不願意啊，所以看在我老黎的面子上，只要斃了張振武就好，他的家人部下就放一條生路好顯示寬容。

畢竟說來都是我老黎不好，讓好好的開國元勳變成狼子野心的陰謀家，我好爛我好羞愧我真無能，我……我想跟你老袁說：快斃了他吧！」

袁世凱收到密電後，思考片刻後批示：遵照辦理。

「慰廷啊，這不會有問題？」

徐世昌忍不住出聲提醒，畢竟這擺明是黎元洪的「借刀殺人」之計，怎麼一向精明的袁世凱，就這麼順著黎胖子的意思走呢？

袁世凱笑著說：「菊人兄別擔心，我會讓黎元洪知道：不是什麼刀都那麼容易借來使的！」

民國元年的八月十五日晚上，張振武來到北京的六國飯店，接受政府要人的招待。張振武之所以來北京，是因為同為首義集團的孫武對他提出了邀請，說是要調解和黎元洪的恩怨。張振武不好拒絕孫武釋放出的善意，這才赴宴參加。酒宴之中，自有一番熱鬧氣氛，等到晚上十點，酒足飯飽的張振武要乘著馬車離開時，突然被數十人拖下車五花大綁，押往了軍政執法處。

自覺莫名其妙的張振武，看到袁世凱的手下大將、執法處處長陸建章，立刻詢問：「我們究竟犯了什麼罪？你根據什麼法律逮捕我們？」陸建章於是拿出黎元洪

六國飯店。

的電報跟袁世凱同意槍決的命令，張振武看完後，不禁憤慨地說：「死吧！看你們能橫行多久！」

嘣！嘣！

「什麼？振武被抓了？」

原本已經休息的孫武一聽到這突如其來的消息，連忙聯絡同樣身處北京的首義集團人士鄧玉麟一同趕到軍政執法處。

「快點！再快點！」

孫武著急地催促司機，他心想：「張振武可是我找來的，要是出了什麼意外，想必所有人都會認為是我在搞鬼，所以一定要搞清楚狀況啊！」

好不容易趕到了軍政執法處，孫武立刻質問陸建章：「張振武犯了何罪？為何採取這種手段對付開國元勳？我們要保釋他！」

陸建章說：「各位不必白忙了，張振武已經伏刑了。我只是奉命行事，各位的責備，我無話好講，請原諒。」

孫武、鄧玉麟立刻衝到了刑場，只見張振武已經身中兩槍，倒在地上，一命嗚呼……

張振武被殺事件引起全國一陣嘩然，一個共和元勳怎麼會因「叛國罪」被槍斃？就算張振武真有叛國的可能性，證據在哪裡？調查程序在哪裡？判刑及執刑的法院程序在哪裡？當眾人開始質疑袁世凱：「大總統憑什麼速審速決、槍斃張振武？」

袁世凱一臉無辜地說：「唉～我是聽黎副總統說張振武有問題，在信任他的狀況下，才槍斃了共和元勳啊。至於程序方面，我是以總統具有海陸軍統帥的職責，按『軍法』標準來審判張振武。統帥用軍法槍斃一個軍人應該不成問題吧？」

最後，袁世凱好像死了爹似的悲愴、黯然兼無奈地說：

「殺共和元勳，我也捨不得啊！」

這番回答，使眾人焦點轉向黎元洪。

「黎副總統，張振武犯罪的證據在哪裡？你為何那麼堅持要殺張振武？你該不會是公報私仇甚至是栽贓嫁禍吧！」

黎元洪慌了，他本以為這「借刀殺人」之計，既能把責任推給袁世凱，又可以在安撫張振武部屬的言行中塑造「忠厚長者」的形象。誰知袁世凱不費絲毫力氣，既拆解了計策，還重創黎元洪的名聲，他彷彿看到袁世凱對自己說：「把我袁世凱借來當刀使？現在我要你知道：我老袁不是刀！而是暗藏殺招的操刀者！」

本來黎元洪在輿論壓力下，準備辭去湖北都督的職位以示負責，但湖北鄉親們卻覺得：「黎元洪再不好，畢竟可以鎮壓亂局。」所以他們強力慰留，讓黎元洪最後仍保住官位，而袁世凱也只挨了幾發參議員們的嘴炮，實際上毫髮無傷，轟動一時的張振武案就這麼不了了之。但這不明不白的結果，不僅令首義集團心寒，更產生裂痕，以致成員立場分歧；黎元洪跟部分人士逐漸倒向袁世凱，蔣翊武等人選擇跟袁世凱保持距離，孫武則夾在中間不知如何是好。

在一連串的政爭下，新生共和的前景好似越加沉重，也因此，按《臨時約法》規定，於臨時參議院成立十個月後所要舉行的正式國會選舉，格外讓人重視及期盼。畢竟前面那麼多混亂，不就是因為法律名分沒有確立，才鬧出許多糾葛？按常理，只要正式國會選舉出來，大家接下來按規矩辦事，政治自然會上軌道而逐漸穩定。

由於未來中國的實際掌權者——內閣總理，須由國會多數黨的黨魁擔任，當時各方勢力是卯足全力，決心在政壇上拚出高下，並獲得夢寐以求的執政權！因此南方的革命勢力在宋教仁的號召帶領下，聯合其他政黨，組成了「國民黨」參與選戰（順帶提醒，宋教仁的國民黨，就叫國民黨，跟今日的中國國民黨可不是同一回事）。袁世凱自然不會放棄掌控國會，於是請出了與自己立場較為親近的立憲派大將梁啟超，聯合眾多政黨改組為「進步黨」角逐選戰（附帶一提，這個進步黨，就叫進步黨，跟現在的民主進步黨也是沒有關聯）。

經過一番激烈選戰後，最終國民黨勝出，成為國會第一大黨！而他們的實際領導人，代理理事長——宋教仁即將組閣成為正式國會的第一任總理！

當時不分任何黨派，所有人期待這個正式國會可以奠定中國現代政治的基礎，更期待中國從此走上一個安定發展道路，然後……一個無情的消息徹底粉碎所有人的夢想，並終結民國初年虛偽的和諧表象。

一九一三年（民國二年），三月二十日，國民黨代理理事長——宋教仁慘遭暗殺！

第七章

民初政治的哀歌

備受爭議的世紀懸案

民國二年（一九一三年），宋教仁領導國民黨於中華民國第一屆正式國會大選中獲勝，成為國會第一大黨。當時國會主要勢力為：國民黨45%、進步黨25%、其他政黨30%。依照內閣制精神，宋教仁將以國會第一大黨黨魁身分，成為總理並籌組內閣。於是在三月二十日，晚上十點多，宋教仁準備從上海火車站出發，前往北京與袁世凱會面，當他正與前來送行的黃興、于右任、廖仲愷等革命黨人士話別之際……

嘣！

一個槍手從宋教仁背後射出致命的子彈，宋教仁但覺一陣劇痛，隨即無力地癱倒。摯友黃興露出不可置信的神情，並大喊：「快點保護遯初！趕快去追兇手啊！」這時劇痛不斷蔓延，從後背擴展至前胸，讓宋教仁下意識地抓住距離最近的于右任，掙扎地說：「吾痛甚，殆將不起（我好痛，恐怕不行了）……」在眾人的護送下，宋教仁被送到滬寧醫院進行急救，同時，他遇刺的消息透過報紙及電報，迅速傳至全國。

「有此事乎？」

發出質疑的，是待在北京的袁世凱。他急忙接過電報，親眼確認消息之後，又說：「確矣！這怎麼好？」

時任臨時內閣總理的趙秉鈞也接到消息，當時國會選舉事務局長顧鼇向趙秉鈞報告：「前門車站來電，宋教仁昨晚在滬車站被人槍擊，傷重恐難救。」

趙秉鈞立刻離座，並喃喃自語：「人若說我打死宋教仁，豈不是我賣友，哪能算人？」接著，一通來自總統府電報，要求趙秉鈞立刻前往總統府商議，於是趙秉鈞在驚惶的氣氛中，離開了他的辦公室……

歷經兩天的搶救，醫生終於走出了手術室。

「醫生！遯初他怎麼樣了？」

面對黃興焦急的詢問，醫生說：「很抱歉，子彈從後背射入，卡在右胸肋骨，我們雖然盡快取出彈頭，但傷者傷勢過重，實在回天乏術，你們還有機會見他的最後一面……」

看著眼前焦急的眾人，宋教仁知道他的時間不多了。他上氣不接下氣地，向黃興說：「幫……幫我……致電袁大總統……」

（上）于右任。
（中）廖仲愷。
（下）顧鼇

於是黃興盡力依照宋教仁的意思，打出了電報：

「北京袁大總統鑒：仁本夜乘滬寧車赴京敬謁鈞座，十時四十五分在車站突被奸人自背後施槍，彈由腰上部入腹下部，勢必至死。竊思仁自受教以來，即束身自愛，雖寡過之未獲，從未結怨於私人。清政不良，起任改革，亦重人道，守公理，不敢有一毫權利之見存。今國本未固，民福不增，遽爾撒手，死有餘恨。伏冀大總統開誠心布公道，竭力保障民權，俾國家得確定不拔之憲法，則雖死之日，猶生之年。臨死哀言，尚祈鑒納。宋教仁。」

（電文翻譯如下）

袁大總統：我宋教仁本來要搭由上海開往北京的火車見您，但在晚上十點四十五分竟遭奸人從背後開槍暗殺。子彈從腰部上面進入到腹部下方，看來我是死定了。自從我受教育懂事起，就修身自愛，雖然不能說從來沒有做錯事，但是從未和人結過私人恩怨。當滿清政府腐敗，我投入革命，也注重為人處世的道理，謹守公理，不敢有任何私心及偏見。今天國家尚未穩固，也未能為更多民眾謀求福祉，就突然要離開人世，我死了也不甘心啊！希望大總統您未來能誠心真意地秉公辦事，全力來保障民權，為國家確立一部堅固不拔的憲法。那我雖死，卻如同活著。這是我死前最後的衷心之言了，還希望大總統能夠接納。宋教仁。

拚著最後一絲氣息，宋教仁又說出他最後的遺言。

「有三件事告訴你們：

一、所有在南京、北京及東京寄存的書籍，幫我全部捐給南京圖書館。

二、我家境不富裕，可老母尚在，我死後，請克強及大家幫我照料。

三、大家別因為我現在這樣，就失了責任心！我為調和南北各方勢力，使不知原委的人對我多有誤解，我受此痛苦也是應該，可……我死亦何悔！」

真沒悔恨？

看著宋教仁的遺言及電報，我知道這句「死亦何悔」，是宋教仁最後的倔強。因為他怎能不悔恨？多少年來，改造中國的夢想，就只差一步可以去實踐……

若真有上天，那祂待我不公！我真的只差一點就能完成我的願望吶！克強、母親、諸君、袁世凱，原諒我死得不合時宜、原諒我的不孝，中國的未來託付給你們了！你們要替我完成夢想，這樣才能消除我的痛悔啊！

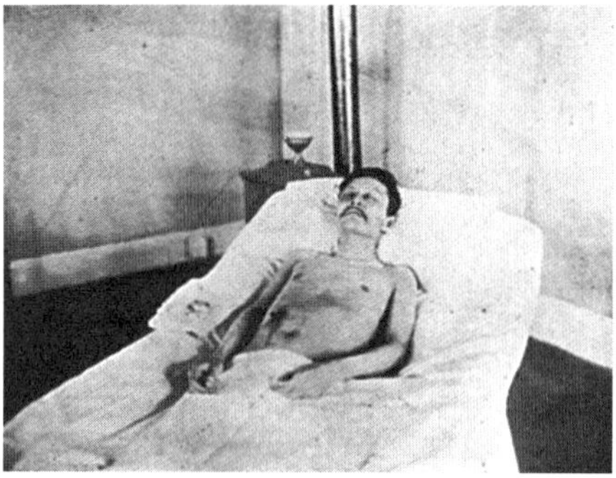

宋教仁之死，點燃了眾人的怒火。

不知何時，宋教仁的眼閉上了……望著摯友慘死，黃興仰天大吼：「遯初！我絕對要為你報仇！」隨即他又大喊：「你們還等什麼？還不幫遯初收拾一下！為他拍照！」眾人趕忙為宋教仁整裝，並請來攝影師；這是民國初年的風氣，習慣在親友死後拍一張身後照。

啪！

鎂光燈閃起，照下宋教仁的遺容，也點燃眾人的怒火。

絕、對、要、讓、兇、手、付、出、代、價！

（上）武士英；（下）洪述祖。

宋教仁案爆發後，袁世凱下令限期破案，並懸賞萬元緝拿兇手。而在宋教仁遇刺後的第二天，也就是三月二十一日，有兩個學生向巡捕房報案，他們表示：「有一位和我們同住鹿鳴旅館的房客武士英（原名吳福銘），因為窮，所以向我們借錢，我們問他打算怎麼還錢，武士英說：『我做完一筆殺人買賣就還你們錢！』本來我們以為武士英只是在嘴炮，誰知道在宋教仁被刺當晚，武士英就找我們說自己有錢了，並且隔天就離開旅社。」

接著在三月二十三日，有位古董商王阿發，到英租界巡捕房舉報：「大約一週前，巡查長應桂馨曾拿出一張人像照片，要我暗殺照片上的人，我沒敢答應，但後來我發現應桂馨當初拿的人像照，就是宋教仁！」

接到線報後，巡捕房立即通緝應桂馨，並在一家妓院將其抓獲（應老兄你可會挑地方躲啊），然後在應桂馨家中搜獲兇器、密電碼三本、秘密電報兩包，做為證據。根據查獲的證據，宋教仁的刺殺案是由應桂馨策劃、武士英執行，所以巡捕房緊接著逮捕武士英，準備好好調查一番。

卻沒想到，武士英在監獄吃了應桂馨友人送來的食物後，竟然暴斃身亡！而應桂馨被關了一陣子，就逃獄並不知所蹤！（應老兄後來又莫名其妙地公開現身，要求檢方為他「平反冤獄」，卻又在前往天津的火車上被亂刀砍死了！）

雖然兩位重要關係人就這麼消失，但巡捕房調查出，從應桂馨家搜出的電報竟注有「國務院」字樣，所以歷經一番追蹤，發現與應桂馨聯絡的人，是國務院秘書洪述祖。

（以下是涉及宋教仁案的洪述祖、應桂馨往來電文：

三月十三日，應桂馨致電洪述祖：「若不去宋，非特生出無窮是非，恐大局必為擾亂。」同日，洪述祖回電應桂馨：「毀宋酬勳位，相度機宜，妥籌辦理。」

三月十四日，應桂馨致電洪述祖：

「梁山匪魁（這可能指宋教仁），四處擾亂，危險實甚，已發緊急命令，設法剿捕之，轉呈候示。」

三月十九日，洪述祖回電：「事速照行！」

三月二十日半夜兩點鐘，即宋教仁被害之日，應桂馨致電洪述祖：「所發急電令已達到，請先呈報。」次日又致電洪述祖：「匪魁已滅，我軍一無傷亡，堪慰，望轉呈。」）

從上述電文來看，不只洪述祖涉入宋教仁案，而從電報中出現「轉呈候示、請

先呈報、望轉呈」等字眼，不禁讓調查人員眉頭一皺，發現事情並不單純。因為這表示洪述祖並非策畫暗殺的最高決策者（不然哪需要呈報），依照洪述祖任職國務院進行推斷，恐怕有更高層的政府人員涉案！比如：時任國務院總理的趙秉鈞，或者是……中華民國臨時大總統——袁世凱！

調查至此，宋教仁案在民初政壇掀起巨大的風暴，當時在宋教仁的公祭中，黃興送來一副輓聯：「前年殺吳祿貞，去年殺張振武，今年又殺宋教仁；你說是應桂馨，他說是洪述祖，我說卻是袁世凱。」

這表明部分人士對袁世凱的強烈不信任感，而咱們的教科書也定調袁世凱是幕後兇手，問題是……真、有、那、麼、單、純？

其實除了黃興對袁世凱的指控外，當時還有許多不同版本的主謀推測，為了強調宋教仁案所代表的重大意義以及建構民初政局的衝突，老ㄕ決定就幾位重大嫌疑人進行案情探討。我依據上海巡捕房、民初最高法院的調查資料，以及宋教仁案過後的一些局勢變化，和嫌疑人來場「想像中的對談」。這樣的寫法在學術上極不嚴謹，但為了方便大家閱讀，就要請大家先原諒此點了。

本人宣布「大膽假設小心求證之誰殺了宋教仁訪談」開始。

首先歡迎嫌犯一號，時任中華民國臨時大總統的袁世凱。

老ㄕ：「孫文及黃興指出，你有強烈刺殺宋教仁的動機，包括：

一、宋教仁即將組織內閣，掌握政治大權。
二、宋教仁將《臨時約法》改成內閣制，架空你的權力。
三、宋教仁不接受你的拉攏。
倍感威脅的你因此暗殺了宋教仁，另外黃興還指出你有暗殺革命黨員吳祿貞、張振武的前科，這更增加你的嫌疑，對此你有何解釋？」

袁世凱：「宋教仁的確架空了我的大總統權力，可要說他對我產生威脅，以至於我要痛下殺手，那可就說不過去了。

首先，任憑宋教仁能力再強、掌握再多權力，我還是掌握『軍隊』這樣的撒手鐧，當初中華民國臨時政府強烈要求我要到南京辦公，意圖讓我離開北方的勢力地盤，結果我底下的軍隊發生一場『北京兵變』，就嚇得臨時參議院要求我留在北京辦公，好安穩局勢；由此可見『軍隊在我手，我就橫著走』……呃，不對。是我只要掌握好北洋軍，任誰都無法撼動我的權威，所以說我對宋教仁感到莫大威脅而暗殺？當真是笑話！

甚至我根本不必動用軍隊，光憑政治角力就足以對抗宋教仁的威脅。民國初年的國會，國民黨雖是第一大黨，卻未掌握過半的議員席次（國民黨席次占45％），當時第二大黨進步黨及眾多第三勢力議員都與我交好，所以我只要聯合各方勢力，就足以在國會杯葛宋教仁，你覺得我有必要一定殺他嗎？」

老ㄕ：「可你以前就暗殺過吳祿貞，也下達命令殺掉革命黨的張振武，很難不讓人聯想到你又在作怪了。」

袁世凱：「我會暗殺吳祿貞，是因為他在武昌起義期間，突然掌握一部分軍隊進行兵變，並宣稱要進攻北京，這對當時的我來說產生巨大的立即性威脅，所以我才派人刺殺他。至於張振武的死，真是冤枉我了，因為當初先說要殺張振武的，是黎元洪，我最多算是順水推舟的協助者，可並非主謀啊！

何況宋教仁若真死於我手，面對失去首腦且憤怒的國民黨，我將越難與之對話，所以我還曾經發表『國民黨失去宋教仁將對我不利』的言論呢！」

老ㄕ說：「你真的曾經說過失去宋教仁對你不利的言論？」

袁世凱：「上海《時報》記者黃遠生可為我作證，他曾在報紙上撰稿刊出。」

袁世凱（上）：「我說過，國民黨失去宋教仁對我不利！上海《時報》記者黃遠生（下）可為我作證！」

（報紙原文內容）

二十二日午後四時，袁方午睡初起，秘書等走告宋逝消息，袁愕然曰：「有此事乎？」即命拿電報來。及捧電報至，則陳貽範一電，黃克強一電，江孔殷一電。袁愕然曰：「確矣，這是怎麼好！國民黨失去宋遯初，少了一個大主腦，以後越難說話。」遂命擬電報，擬優恤命令。此袁總統得消息後之確情也。

袁世凱：「我再一次強調：解決宋教仁的方案不只一種。甚至不用刻意出手，就憑著民初政壇各派系間的衝突，就足以讓擔任總理的宋教仁遇到不少混亂局面，到時我不就能藉機打擊，何苦一定要用『暗殺』這種逼不得已的手段呢？以上是我的辯白。」

老ㄕ：「嫌犯一號的對談已經結束，接下來有請嫌犯二號——時任國務院總理的趙秉鈞。」

老ㄕ：「你在正式國會產生前，擔任國務院總理一職，可是國民黨贏得正式國會第一大黨的地位後，宋教仁即將取而代之，為了保住總理寶座，於是你主持了宋教仁案來解決對手。

最好的證據，就是負責和應桂馨聯繫的洪述祖，既是國務院的人馬，又利用國務院的電報系統進行聯繫，若沒有你支持或默許，洪述祖焉能利用國務院的力量進行暗殺？請問你要怎麼解釋？」

趙秉鈞：「其實於公於私，我都不會殺了宋教仁！先說私人交情，雖說我隸屬

北洋，和宋教仁的革命陣營屬於不同勢力，可是我們交情卻挺不賴的。北京《新紀元報》曾報導：當我倆在唐紹儀內閣時期為同僚時，住在郊區的宋教仁，如果遇到時刻太晚城門上鎖無法進出時，他就直接住在我家中；甚至他離開北京南下時，所欠五千元債務還是我替他償還。再來，國民黨是民初第一大黨在當時已經是不爭的事實，殺了一個宋教仁，國民黨可以再推舉另一個總理人選，如果我趙秉鈞真要保住總理權位，那豈不是三天兩頭就要搞一次暗殺？那我還真希望有一本死亡筆記本能搞定一切啊（這句是玩笑話）！

事實上，宋教仁案爆發後，我在輿論壓力下遞出辭呈，最後換段祺瑞當上代理總理。可見暗殺對我一點好處都沒有，還白白便宜了別人。所以於公於私，我都沒有殺宋教仁的動機或理由！」

老ㄕ：「那你可否解釋一下，洪述祖為何能使用國務院系統對外進行聯繫？若你無法解釋這一部分，你這國務院總理仍難擺脫主持暗殺案的嫌疑。」

趙秉鈞：「說到這，我就覺得晦氣！很多人知道洪述祖是內務部的秘書，但大家是否知道他另一個身分？袁世凱六姨太的近親！這傢伙仗著親戚關係，成天越過我這上司向袁總統呈報機密，所以洪述祖根本不完全聽令於我。另外上海巡捕房查獲的洪述祖、應桂馨往來電報，都只有洪述祖的批示，可沒有我個人的意見參雜其中，難道這不足以證明，我對洪、應兩人要搞暗殺是毫不知情的嗎？」

老ㄕ：「那你可否解釋一下，民國二年三月十四日，應桂馨致電洪述祖：『梁山匪魁（宋教仁）頃又四處擾亂，危險實甚，已發緊急命令，設法剿捕。』洪述祖

趙秉鈞：「於公於私，我都不會殺了宋教仁！而且我們交情還挺不賴的。」

則在三月十八日回電：『應即照辦。』從這段文字來看，洪述祖應該有呈報上司的舉動，這是請示你？或是比你更高層級的人士，比如說……袁世凱？然後你們兩位的其中一人發布了暗殺命令。」

趙秉鈞：「我帶了一位證人——王治馨，接下來請他幫我說話。」

王治馨：「本人乃北京員警總監。宋教仁被刺後，袁總統與趙總理曾彼此懷疑，是對方授意洪述祖進行暗殺，所以兩人進行過一次面談。面談中，袁總統透露洪述祖曾向他建議：『收拾一二人以警示杯葛總統行政權的異議分子。』袁總統當場回答：『如此辦法實屬不可。』所以袁大總統應該沒有涉入其中，這更像是洪述祖自以為的策畫暗殺行動。」

老ㄕ：「你們這樣說，可有相關證據證明？」

趙秉鈞：「如果有就好了！洪述祖這廝，在宋教仁案爆發後立刻逃到國外租界，所以當時的司法單位無法拘捕他。等到一九一七年，好不容易他被拘捕，但直到一九一九年他被槍斃為止，沒有任何部門進行審訊，留下可提供的資料（畢竟當時連袁世凱都已經過世，在越加混亂的政治局勢下，沒多少人有興趣及精力重新調查）。我就這麼說吧！洪述祖有問題，但不代表我這頂頭上司和他一起摻合！」

老ㄕ：「接下來要偵詢嫌犯三號，時任國民黨理事長的孫文！」

孫文：「What？怎麼我也會是嫌犯？」

老ㄕ：「這是根據宋教仁的日本秘書——北一輝，所提出的質疑。北一輝認為你殺害宋教仁的動機是：

一、孫、宋二人過往有嫌隙。

二、孫、宋二人政治理念不同。

三、宋教仁架空了你的權力。」

孫文：「胡說！我跟遯初皆主張民主共和，有何理念不同？」

老ㄕ：「雖然你們兩人皆主張革命，但從革命時期，你們兩人的戰略構想就大不相同。你堅持邊區革命，宋教仁則主張在中下游的重要城市發動中區革命，甚至你們兩人在一九一〇年的時候就分道揚鑣，就像宋教仁在上海成立的『同盟會中部總會』，基本上已經脫離孫文你的領導。另外在政治制度上，你主張總統制，宋教仁則主張內閣制。由此可知，你們兩人意見分歧甚大呀。」

孫文：「就因為理念不合我就殺遯初？這種鼻屎大的殺機，你也講得出來？」

老ㄕ：「除了理念不合，你還跟宋教仁發生過正面衝突！

一九〇九年，你曾因為帳目交代不清，使光復會體系的會員決定罷免孫文會長的地位。當時倒孫最積極的陶成章，就聯合宋教仁準備進行『倒孫運動』，這個舊怨足以成為殺人動機了吧？」

孫文：「那都是陳年往事！民國成立後，沒看到我讓遯初全權處理國民黨事務嗎？這足以表明我對他的信賴，還有我倆合作情誼。」

老ㄕ：「那是因為國民黨根本不算是你創立的。國民黨的創立，是宋教仁以同盟會為主，接納統一共和黨、國民共進會、共和實進會、國民公黨……等組織，所成立的新政黨。北一輝認為，由於合併的過程都是由宋教仁主持，所以當時國民黨內聲望最高的不是孫文，而是宋教仁；你不是讓賢，乃是宋教仁掌握絕對的主導權。他更認為，你在宋教仁死後，說國民黨『散漫無力』，因此將國民黨改造成獨尊孫文的中華革命黨，這是你清除宋教仁勢力的證明……」

孫文：「胡說一氣！宋教仁是同盟會體系出身的同志，而且即將組織內閣，我幹嘛殺自己人，讓親者痛仇者快啊？另外你說我跟遯初有嫌隙，但有嫌隙就一定會殺人嗎？當初我跟黃興在創立同盟會時，因為會旗問題差點鬧翻（孫文支持青天白日旗，黃興支持井字旗）。之後黃興屢次被人拱來當會長，真要說起來，黃興跟我當面鬧翻過，對我威脅還更大！結果呢？我倆可是被人並稱『孫黃』的革命好夥伴啊（孫文小聲說：克強，對不起！剛剛只是舉例而已）。

還有，當初遯初成立國民黨，他可是恭請我當大家的領導（理事長），是我表明『要立

孫文：「就因為理念不合我就殺遯初？這種鼻屎大的殺機，你也講得出來？」

志做大事，不想立志做大官』堅持不接受，遯初這才當『代理』理事長職掌大權，並把『正式』理事長保留給我，這足以證明我倆是相互尊敬了吧？

而且更重要的是……證據呢？你跟北一輝有何證據指控我啊？」

老ㄕ：「這……由於宋教仁案的隔年，史稱『二次革命』的內戰爆發，調查因戰亂而中斷，存放證據的上海巡捕房因戰火摧殘，使得物證幾乎全毀，所以除了北一輝的推論外，真沒證據。」

孫文：「沒證據跟我講這麼多？信不信！我控告你毀謗啊！」

老ㄕ：「跟孫大炮對壘，果然自找苦吃。」

老ㄕ：「訪談即將宣告尾聲，最後歡迎嫌犯四號，滬軍都督以及上海青幫的大佬陳其美。陳其美之所以被列為嫌犯的理由是：

一、生前與宋教仁有過爭執及衝突。

二、有暗殺政敵的前科。

三、宋教仁若成立內閣，將不利其勢力發展。」

陳其美：「請問你說我與宋教仁有衝突，是指哪一件事？」

老ㄕ：「根據《辛丙秘苑》一書曾提到，宋教仁北上之前，你向他詢問組閣的辦法，宋教仁表示：『我只有大公無黨一個辦法。』宋教仁的意思，是他不會特別保留位置給國民黨人士，而是打破政黨隔閡，讓有能者居之。結果同屬青幫勢力的應桂馨就痛罵宋教仁是國民黨的叛徒，並作勢要攻擊宋教仁。後來應桂馨涉入宋教

陳其美：「你說我與宋教仁有衝突，臆測成分未免太高了吧。套句現代人用語，你腦洞開很大喔！」

仁案，這不由得讓人聯想是你這位青幫大佬，在沒受到宋教仁的青睞下，指使幫會成員進行暗殺。」

陳其美：「這臆測的成分未免太高了吧？套你們現代人用語，你腦洞開很大喔。」

老ㄕ：「那我們針對你曾暗殺過革命同志這點來探討吧。武昌起義後，你指派結義小弟蔣介石刺殺了與你素有嫌隙的光復會陶成章。」

陳其美：「那是因為陶成章意圖和袁世凱合作，將對革命不利。」

老ㄕ：「那照你所言，宋教仁要去北京，也是要跟袁世凱合作（在宋教仁的電報遺言中，證實宋教仁確有此意圖），你不就可能以同樣的邏輯暗殺宋教仁嗎？」

陳其美：「你所說的還是推論，你有直接的證據證明我策畫此事嗎？比如說：可有在應桂馨家中搜出的電報出現我的名字？又或者，陶成章案還有蔣介石的日記，可有人透過任何方式，留下我策畫及買兇殺人的紀錄嗎？」

調查員：「呃……沒有。因為當年存放眾多蒐集資料的上海巡捕房，在二次革命期間，被你率領的軍隊破壞，許多資料就此喪失了。」

陳其美：「我無法接受你話中有話！你剛剛說，我利用軍隊破壞了調查證據？

你有沒有一點軍事經驗？戰爭時癱瘓軍警指揮系統，是打擊敵方最有效的方式之一，我既然打仗，當然會攻擊有抵抗能力的巡捕房，少在那邊意有所指！既然沒有直接證據，我認為沒有必要繼續這場對談！」

訪談結束，讀者們不妨在剛剛一系列的對談中，選出心目中的主使者，然後接下來猜猜看，老ㄕ認為哪一個人是幕後元兇呢？

我認為幕後元兇就是……我、不、知、道。

各位若仔細看我的敘述，不難發現我一再強調「缺乏直接證據」。我們只能確定，直接刺殺宋教仁的是武士英、武士英是應桂馨聘請的、應桂馨和洪述祖密切聯絡宋教仁身亡的消息。

所以本人在此大膽地提出一個問題：「教科書憑什麼認為袁世凱就一定是宋教仁案的主使者呢？」我並非說袁世凱就一定不是兇手（事實上，我仍把他列為重要嫌疑人之一），只是當歷史學界至今仍有多派爭論這場世紀懸案，教科書的寫法卻是如此武斷，不得不說是過於輕率了。

這時又要談到，為何老ㄕ那麼關注宋教仁案？

那是因為，宋教仁案後來成為即將開打的內戰起因；此後，許多政治衝突將訴諸武力解決，清末以來的知識分子所期待的和平政治協商就此破局。

這不由得讓我生出許多假設性念頭：

如果宋教仁沒死，以他的能力會引領局勢如何發展？

如果宋教仁沒死，中國是不是就此走向內閣制的道路？

如果宋教仁沒死，日後衝突連連的內戰是否能避免？

可惜，我卻要重複那句不浪漫的話：「歷史是沒有如果的。」我們只能把目光放在之後的歷史發展，中、國、要、內、戰、了！

二次革命

宋教仁暗殺案後，舊革命勢力與袁世凱北洋勢力之間的不信任感日漸增加，尤其是孫文，他在宋教仁暗殺案後堅持主張武力討伐袁世凱，而雙方最終在「善後大借款」的爭議中徹底鬧翻。

之前老ㄕ提過，民國政府繼承清朝留下的大批賠款，為了償還賠款，民國政府只能用「以債養債」的方法姑且應付眼前危機。於是在民國二年四月，袁世凱向五國銀行借款，結果國民黨議員指控袁世凱：「借款未經國會同意，程序有問題。」他們還認為：「袁世凱根本是拿借款來擴充北洋軍。」

民國二年五月，江西都督李烈鈞、廣東都督胡漢民、安徽都督柏文蔚，三位具有國民黨員身分的軍事領袖通電反對貸款，這讓袁世凱認為：「國民黨恐怕意圖用軍事手段進行反抗。」所以在民國二年六月，他調動北洋軍第六師南下，隨即先後免除李烈鈞、胡漢民、柏文蔚的都督職位，打算壓制國民黨的軍事實力，這就讓孫文認為：「袁世凱是先奪國民黨兵力，然後就要全面清除國民黨！」

雙方的歧見越加劇烈，終致無法彌補裂痕，於是民國二年七月八日，前江西都督李烈鈞在孫文的授意下，率先於江西宣布討袁，這就是「二次革命」的開端。

二次革命初期，革命黨人的主力分布在江西、江蘇兩省。江西方面，李烈鈞不但率先發出討袁宣言，之後更被推舉為「七省討袁聯軍總司令」，一時之間聲勢浩大。江蘇方面則由黃興主持大局，這裡曾經是臨時政府的中樞所在，鎮守南京的陸軍第八師更是自清末以來就被積極打造的精銳部隊，可說是國民黨的主力。

同時，湖南、四川、廣東、安徽、福建，先後宣布獨立反袁（另外加上海的陳其美亦宣布獨立反袁），一時之間，革命黨的聲勢頗為浩大。

但在中國最強軍事集團——北洋軍面前，這只是小菜一碟罷了。早在「二次革命」前夕，奉命南下移防的北洋先鋒部隊——第六師的李純部隊，在僅損傷二百多人的情況下，就擊潰李烈鈞的主力，占據江西。

（上）李烈鈞。
（中）胡漢民。
（下）柏文蔚。

江蘇戰場上，黃興曾試圖集結分散在江蘇各地的兵力北伐山東，結果卻遇上了陽夏之戰的老對手——北洋之犬馮國璋。馮國璋趁革命軍尚未集結之際積極搶攻，不但將北上的革命軍各個擊破，還迅速反攻，一路殺到南京城下；眼見戰況不利，黃興撤離江蘇。他這一走，導致革命軍士氣潰散，南京也隨即被北洋軍輕鬆攻掠。

至於其他獨立省分，煙硝味更是稀薄。因為袁世凱早就策反了各省的中下階軍官，導致宣布討袁的革命黨領袖根本指揮不了部隊，最後各自出走避難。上海的陳其美更遜，因為他連上海的一座軍火庫都打不下來，在袁世凱出動海軍部隊轟個幾炮後，陳其美就徹底歇氣，逃命去也。

名字好像很威的「二次革命」，其實歷時僅三個月，時間雖短，卻造成許多情勢不可挽回的崩解。

當時的第三勢力——武昌首義集團，面對內戰的衝突，其成員也有不同的選擇。親革命派的蔣翊武、蔡濟民、鄧玉麟、熊秉坤，毫不猶豫加入孫文的行列。

威望頗高的「首義三武」成員——蔣翊武，更是在二次革命發動後，立刻回到湖南老家宣布反袁，但隨著戰況不利，他決定前往香港避風頭。當時前往香港，通常會從漢口搭船沿長江水路離去，但蔣翊武覺得：「漢口認識我的人太多，走水路太危險，不如走陸路，前往廣西再轉往香港。」而這個想法，要了他的老命，因為他才剛到廣西，立刻被親袁的土匪軍閥陸榮廷活逮。陸榮廷向袁世凱、黎元洪表示：「應速殺此人，免留後患。」於是中華民國二年九月九日，開國元勳蔣翊武被

槍斃於廣西，得年二十九歲。

同樣反袁的蔡濟民，也被親北洋勢力的四川軍閥謀害，死時僅三十三歲。

既然有人投靠革命黨，自然也有人倒向袁世凱。金兆龍、程正瀛，這對締造起義第一槍的哥倆好，就是最好的例子。

他倆在投靠袁世凱獲得官職後，憑著對武昌首義集團的認識，竟成為二次革命時期迫害追殺昔日同伴的最有力人士。不過他倆雖威風一時，但等到日後國民革命軍北伐擊潰了北洋政府，他倆就被秋後算帳；程正瀛被五花大綁，拋入江中淹死，金兆龍則被免職，日後一直沒沒無聞，並於一九三三年病逝。他們昔日的革命事蹟被國共兩黨掩蓋，直到近幾年才被重新檢視，還給他們應有的歷史意義……

也有人試圖在紛亂裡保持中立，那就是昔日的革命軍臨時指揮吳兆麟。他眼見世事混亂，於是退出政壇，甚至剃度出家，還致力於社會慈善事業。他希望超脫於紅塵的紛亂，可沒想到最終仍未能度過另一波現實的劫難。中日八年抗戰期間，日本攻下吳兆麟居住的武昌後，邀請這位開國元勳擔任官職好為日本人造聲勢，吳兆麟一口拒絕，所以遭到日軍軟禁，三年後含恨而亡……

二次革命中，還出現了一位騎牆派——首義三武中的孫武。這人在二次革命前，是袁世凱聘請的總統顧問，卻在二次革命期間宣布反袁（不知是和袁世凱利益沒談攏？還是袁世凱殺掉張振武的作為讓他畏懼？）。可等到二次革命被袁世凱鎮壓後，他又投靠北洋政府；之後中國國民黨發動北伐，他則在暗地裡提供資金支援國民黨，當真是「風往哪吹就往哪倒」。如此表現非但沒有讓他獲得高官厚祿，還讓後人留下「孫武不如張振武，張振武不及蔣翊武」的低評價。這使老ㄕ相信：「沒事別亂掉節操。」

至於身為集團領袖的黎元洪，在二次革命時期非常安靜，安靜到他獲知蔣翊武被活逮的消息，卻沒半點表示。他在整場動亂中，以袖手旁觀的態度保全了自己的安全及副總統官位，並坐視昔日的同伴分崩離析。

曾經揚名一時的武昌首義集團，至此亡矣……

國民黨方面

早在宋教仁案發生後，黨內就分成：武力討袁派（孫文為首）、法律討袁派（黃興為首，主張以法律程序對袁世凱提出挑戰）。這讓孫文以為，二次革命會失敗的原因，就是國民黨內部搞分裂不肯團結所致，所以孫文決定另組「中華革命黨」。

值得一提的是，黃興雖然主張法律討袁，但最後在孫文堅持下，仍投入二次革命的行列，這卻是「孫黃」的最後一次合作。因為當孫文另組中華革命黨後，一再強調要唯他這位「孫總理」的命令是從，甚至入會儀式還要蓋手印，搞得像加入黑道似的難看，這讓黃興認為孫文過於獨裁，最終雙方鬧崩分道揚鑣，黃興則在三年後過世。這一對清末革命黨中的最有力組合，就此不復存在……（詳情可參閱《國

父們：被遺忘的中國近代史》中的第一、四、七章，特別提到二次革命對革命團體分裂的影響。）

雖然以上開國元勳的死亡令人感傷，但老ㄕ認為，二次革命真正令人感傷的，是它代表當時眾人對民主政治夢想的破滅，還破壞了「以法治國」的概念。日後民國軍閥間的互毆，可以說是奠基於二次革命在野及地方權力對抗中央政府的模式進行。而這場民國第一次的內戰，更開啟接下來幾十年的戰亂時代……

不過在這場混亂中，還是有一位既得利益者——袁世凱。他不但藉由戰爭清除了國內反抗勢力，甚至他還找到了藉口，可以插手管理國會，獲得夢寐以求的領導權。

第八章

袁世凱的繼承者困境

雖然袁世凱被後世認為是北洋軍閥的始祖，而且在二次革命時期，他也毫不猶豫地利用武力鎮壓反對派，但大部分時候，袁世凱更喜歡利用「法律程序」，獲得進一步的擴權。

比方說：袁世凱在清末可以直接率領軍隊解決已無武力支持的滿清朝廷，但他卻用盡心機和革命黨一搭一唱，外加威脅利誘，好讓清廷「自願」簽下退位詔書，以和平收場。為何袁世凱甘願選擇一個會拖長時間，中間還容易出意外的方式？就是因為他想要擁有傳統中國的「法理」，也就是前一個皇朝自願讓渡權力給新的掌權者；由於符合法理程序，就能避免許多攻擊和批評，減少許多繼承上的阻力。

袁世凱要擴張權力的第一步，就是讓自己從「臨時總統」變成「正式總統」，而這需要通過國會選舉才能辦到。所以即便孫文以國民黨的名義發動二次革命，使國民黨在當時背上了叛亂組織的包袱，袁世凱一時之間卻不去追究，反而笑嘻嘻地說：「貌似按當年《臨時約法》的約定，也該到推舉正式大總統的時間了，我們先把國會開完吧。」於是在一九一三年十月六日，經過國會議員的投票後，聲勢正旺的袁世凱毫無懸念地當選中華民國第一任正式大總統！

（姑且不管這其中是否有威脅利誘，袁世凱這中華民國第一位正式總統的合法性卻是無庸置疑，甚至遠比日後的行憲總統蔣介石，更具有正當法律性；畢竟當年選舉袁世凱的國會成員來自全國各地，而蔣介石選舉時則排除了共產黨的占領區，成為政敵否定他的藉口。還是不得不承認，袁世凱很會利用法律。）

按照《臨時約法》的精神，國會擁有絕大多數的權力，生性喜愛掌控的袁世凱自然不樂見大權旁落（其實所謂「雄才大略」的人，都不會喜歡旁人干涉，而希望自己hold住全場。不只袁世凱，仔細觀察孫文、蔣介石、毛澤東……等眾國近現代的領導者，都喜歡集權於自己，因為在本質上，他們都是同一種人）。所以在一九一四年十一月四日，袁世凱開始翻國民黨的舊帳，說他們是非法組織，因此宣布解散國民黨，並取消國民黨人士的議員資格；這導致國會喪失了四百三十八位議員，達不到召開議會的法定人數，袁世凱自此癱瘓了對他成見頗深的第一屆國會。

搞定了國會，袁世凱最後要解決限制他權力的最後一個緊箍咒，那就是宋教仁所修訂的《臨時約法》。

根據《臨時約法》，當時中國是實行內閣制的法律，袁世凱即便成為正式大總統，可依照法律精神，在政壇上仍然只是被擺放的花瓶，表面好看，實則無太大影響力。於是袁世凱宣布：「《臨時約法》使用的期限也該到期了，為了國家的長治久安，我們趕緊修訂正式的國家法律吧。」於是在民國三年（一九一四年）五月，《中華民國約法》誕生，新約法當中的第十四條記載：「大總統　國之元首總攬統治權。」代表這套約法實施的是總統制，袁世凱總算掌握了執政權，甚至成為一個權力指數爆表的超級總統！

讓我們簡單複習一下，依照近代民主當中至為重要，也就是孟德斯鳩提出的「分權制衡」概念。

按孟德斯鳩的想法，權力分三種：行政、立法、司法；行政負責執法，但有制

定法律的立法權制衡；審視法律的司法權則透過駁回去限制立法權，但會被執法的行政權監督。此一理念，是讓政府部門彼此防範，避免權力過度集中在一人或是單一團體手中，以至於國家決策錯誤或利用公權力壓迫人民。所以「限制」，是現代民主政治很重要的觀念。

事實上，袁世凱制定的《中華民國約法》共計十章六十八條，其中的第三章提到大總統職權、第四章提到立法院職權，這裡面就有雙方彼此制衡的規範，如：

第二十五條

大總統締結條約。但變更領土或增加人民負擔之條款，須經立法院之同意。

第二十六條

大總統依法律宣告戒嚴（這代表要有立法機構先制定法律，總統才能依法戒嚴）。

第二十八條

大總統宣告大赦、特赦、減刑、復權。但大赦須經立法院之同意。

乍看之下，大總統好像受立法院頗多的限制，可是在此三條前的第十七條卻寫道：「大總統召集立法院宣告開會、停會、閉會。」

這代表立法院能不能開會還要由總統決定？那這算什麼制衡？哪天總統如果覺得：「唉呀，立法院那批人實在搞得我好煩啊！為了不想聽到那些廢話搞得我心煩，乾脆就別召開立法院了。」而這個想法，完、全、合、法！

事實上，袁世凱還真的從來沒召開立法院，然後為了維持國家正常運作，他很狡猾地設置「參政院」。該組織雖然能給予總統施政建議，卻沒有制定、執行法律，或是封駁總統命令的權力，簡直就是明清時代，除議政外無任何實權的「內閣」及「軍機處」的翻版。那掌握參政院的大總統，不根本就像是權力至大的明清皇帝翻版？

然後約法中的四章三十四條，更是讓立法院徹底喪失底氣！

該條文為：「立法院議決之法律案由大總統公布施行。」

（該條文的補充內容：立法院議決之法律案，大總統否認時，得聲明理由交院覆議。如立法院出席議員三分二以上仍執前議，而大總統認為於內治外交有重大危害或執行有重大障礙時，經參政院之同意得不公布之。）

這表示就算立法院真的召開，立法院制定出的法律還「一定」要由總統認可才能實行，也就是說：總統如果不同意立法院的決議，可以永遠不認可，這樣立法院的辛苦成果等於白搭！甚至總統還能通過約法第十七條的補充內容：「大總統經參政院之同意，解散立法院。但須自解散之日起六個月以內選舉新議員並召集之。」經參政院同意，直接解散立法院，這讓立法院永遠只能被大總統霸凌而無還手餘地（不過解散立法院這件事從沒發生過，因為袁世凱根本沒召開過立法院，一個根本不存在的東西，是永遠不會被解散的）。

如果讀者認為這些條文讓大總統很威猛，我可以告訴各位……還有更威猛的法律在後面！

在《中華民國約法》通過後，參政院還修改了《大總統選舉法》，規則是：

第一條

具有中華民國國籍、享公民權利、年滿四十歲以上、並居住國內二十年以上的男子，有被選舉資格。

（只准男子參選這一點，會讓女性同胞者氣得跳腳，但卻是當時各國的通則，畢竟大部分女性要到一次大戰過後才擁有投票的權利。）

第二條

大總統任期十年，可不限次數連選連任。

（這條法律不大正常，不限次數連選連任，代表權力無法替換，權力使人腐化，掌握權力過久絕非好事；不過放眼世界各國，不少政治強人至死都緊握權力，也見怪不怪。）

第三條

總統有宣戰、媾和、外交、任免各級官員、制定法規的權力，而且不受國會限制。

（這就是為何袁世凱會被稱作超級總統，因為沒有任何權力限制。）

最猛的是第四條：

大總統可推薦三人（須符合第一條規定）為接班人，此推薦名單將蓋國印並封存至金匱石室中。

在解釋為何第四條內容是最猛的法律條文之前，老ㄕ先講則故事。

生前已是紅太陽一般存在的毛澤東，有傳言他死前指定由老婆江青執掌國家大權。但其實當時大部分的軍政人物，極為厭惡積極鼓動文化大革命的江青，所以在老毛死後一個多小時，一大群部隊就衝進江青家，將她冠上政變的罪名，拖到監獄關到死為止。最後執掌大權的，竟然是被老毛生前厭惡，所以把他整得要死不活的「走資派」——鄧小平。

由此來看，任憑獨裁者權力再大，在接班時往往容易亂套；這時講回第四條的威猛之處，就是讓袁世凱心目中的接班人擁有法律的支持。

那如果各位是一個掌權者，通常會希望讓誰接班？

當然是自家人嘛！

同樣的，袁世凱也會希望自個兒家族成員繼承大總統寶座，這才訂出了第四條規則。（事實上，袁世凱也真的這樣做了，有傳言，袁世凱欽定的三位接班人中就有一位是他的長子袁克定。）

從以上敘述，相信大家已經可以感受到，袁世凱擔任的超級總統根本和皇帝沒兩樣！不過享受權力的同時，也有應盡的義務；超級總統袁世凱享受權力的同時，他也需要一肩扛下所有國家事務的責任，而這在二十世紀初期的中國是相當不容易的。

當時民國政府有遇到什麼大事呢？首先就是……內亂！

內亂問題

二次革命後，不只有孫文等革命黨勢力和袁世凱對幹，當時由於災荒歉收，許多農民在無法生存的情況下，在一位叫白朗（諧音，綽號叫白狼）的落魄軍人領導下開始四處劫掠，這就是民初的大動亂——「白狼農民起義」。

這場起義規模有多大呢？袁世凱先後調動三省的地方部隊以及中央的北洋軍前往鎮壓，甚至出動北洋之虎——段祺瑞擔任總司令，花了二年多時間才解決了白狼起義（相較「二次革命」不過花三個月解決，白狼之亂絕對耗掉袁世凱更多心力）。

白狼之亂還算是有組織的叛亂事件，某方面來說，袁世凱只要解決核心人物即可；但當時各偏遠地區，由於地方軍實力不足，常出現無數鑽山溝的小股土匪進行沒本錢買賣。這種宛如無頭蒼蠅亂竄的治安問題，常搞得袁世凱暈頭轉向。

為何盜匪那麼多？因為他們活不下去。為何活不下去？因為老百姓沒錢。政府為何不照顧老百姓？因為政府自己也沒錢。

財政問題

我們來看看幾個清末所簽訂的不平等條約：

《南京條約》，清朝賠款二千一百萬兩白銀；《北京條約》，清朝賠款一千六百萬兩白銀；《馬關條約》，清朝賠款二億兩白銀；《辛丑條約》，清朝賠款四億五千萬兩白銀。總計清朝需賠款六億八千九百萬兩白銀，價值約今天新台幣……一兆三千七百八十億元！這還不包含一些賠款不足百萬的小條約（例如：發生在台灣的牡丹社事件，清朝賠了日本五十萬兩白銀的軍費）。

賠錢不是問題，因為清朝在英法聯軍吃了一場大敗仗後，英國人為了方便商業往來，於是協助清朝建立海關制度，關稅隨即成為大清最主要的財政收入，清朝更靠著豐富的營收逐漸償還了債務*。

但是甲午戰爭後，日本要求外國工廠可直接設立在中國境內，這代表許多洋貨將可免除關稅的收取；對洋人來說是擴大營收的妙招，卻是直接崩潰中國財政收入的狠招。喪失關稅的主要收入，中國的本土工業又因外國工業的強勢入侵而難有發展契機，簡單來說：中國的經濟從根本上完蛋！當然就沒有能力償還巨額的戰爭賠款。

民國政府不僅繼承清朝的賠款及經濟困境，甚至還多出一本巨大的財政支出：每年要付給滿清皇室的四百萬兩白銀贍養費（這是民國政府為了快速且和平逼退清

*一八五六年英法聯軍之役爆發，一八五九年大清皇家海關總稅務司開始出現，結果在一八六五年，海關就提交了三千二百萬兩白銀，折合今日新台幣四百四十八億的收入，而在一八六六年，清朝就支付完所有的戰爭賠款。順帶一提，直到清朝滅亡甚至是民國初年，中國的海關一直是由洋人主管，其中以任職總稅務司五十年的羅伯特・赫德最為著名。許多人認為洋人主管中國海關是喪權辱國的象徵，殊不知，由洋人主管的機構卻是大清當時最有效率及廉潔的部門。赫德還為清朝購買艦隊、籌建郵政系統，比大部分中國官員都還要有貢獻，這不得不說是對大清官僚系統的諷刺，也可以下個註解：「別一天到晚檢視族群背景，清楚認識一個人的人品才是真的。」

朝統治，允諾給滿清貴族的優待條款，這筆花費折合約新台幣五十億）。雖然根據末代皇帝溥儀的回憶，民國政府常拖欠贍養費或只付一部分，並逐漸侵占滿人私產，但這仍是一筆不小的開銷。

為了償還欠款，民國政府只好用最不得已的方式應付，也就是前文提到的「以債養債」。

令人厭煩的是，雖然當時全中國的政治人物都知道「以債養債」是必須的手段，但對於怎麼借？跟誰借？怎麼還？用啥還？卻有著不一樣的看法，因此常吵成一團，甚至淪為各派勢力彼此相互指責的超級利器。比如：二次革命前夕，眾多國會議員拚命指責袁世凱借款是「喪權辱國」。可輪到要這些國會議員提出處理方案時，他們卻說：「還是要借款啊。」

想像一下你是袁世凱，每次還債日子鄰近時，你會看到洋人盛氣逼人地揮舞著欠款單，說：「快還錢！不然有你好受的！」然後當你像個龜孫一樣，向洋人談判借款還債或是延遲還債時，洋人會用不屑的表情，外加一肚子壞水的心態跟你說：「啊？又要借錢哪？本來我們不是很想借啦，但是如果你的利息肯付高一點，我勉強借你啦。什麼？問我要高多少？當然是有多少就多少啦！如果你不願意付利息，那你就拿礦坑、鐵路或是山林資源來做抵押吧。」

好不容易，結束跟外國人的談判，走到國會正要確定議員們是否同意借款條件，突然迎面就是一個硯台砸過來！然後你看到國會議員們，用墨水互潑、用毛筆互插、用髒話互相問候的政壇大亂鬥場面。接著，議員們突然一致停下動作，隨即……同心協力地朝你開罵！

有時我真可憐民國初年的執政者，被外國人逼債也就罷了，自己人還在眼皮底下搗亂；我想這或許是袁世凱解散國會的原因之一，他大概怕自己哪天受不了那票議員雞貓子喊叫，沒準會叫部隊斃了這群嘴炮。但是解散國會只是獲得耳根子清靜，債務問題依舊不時地困擾著民國政府。

領土問題

欠債問題有點像慢性疾病，雖是一點一滴地腐蝕健康，但較少立即性的危險；真正讓民國政府叫苦不迭的，反倒是不時爆發的領土問題。

在袁世凱就任大總統期間，最大尾的領土爭議案有三件，第一件是俄國試圖讓外蒙古獨立，第二件是英國試圖讓西藏獨立。這兩個鴨霸國家，可不是希望幫助當地「民族自決」，而是希望這兩個地區在脫離中國統治後，他們能接著擴大自己在當地的影響力。依當時民國政府的國力來看，打又打不過、道理也說不清，更別指望有他國協調（事實上，其他列強沒來跟著聯手威脅，就該感謝上帝了），各位讀者，如果你是一個國家領導人，該怎麼樣解決如此危機？

看看袁世凱的辦法吧。

當英國要求西藏獨立，他說：「那我只好答應俄國人，讓外蒙獨立了。」

當俄國要求外蒙獨立，他說：「那我只好答應英國人，讓西藏獨立了。」

此話一出，登時讓英俄兩國互看對方不順眼，因為雙方都極度貪婪以至於不容許對方在中國得到過多的好處，所以眼看對方要各自挖走一大塊土地，自己將無法染指當地的利益，英俄兩國最後擱置了西藏跟外蒙的獨立問題，讓民國政府勉強保住了表面上的主權。

看到這，老ㄕ覺得袁世凱真像是政壇上的太極拳高手，面對千鈞壓力卻以四兩撥千斤的方式化解，看上去輕描淡寫，實則功力深厚，並在危局中維護了中國主權。但面對第三起讓中國面臨亡國危機的領土爭議，可就無法輕鬆應對了。

二十一條要求

自十九世紀開始，國際政治的主旋律可以用一句話大略描述：「今天你不欺負人，明天別人就欺負你！」尤其對於被歐美霸凌的亞非等國，一方面對侵略者充滿恨意，另一方面卻又想成為相同強大的強國。因此，中國在英法聯軍慘敗後，學習西化的自強運動；而被美國以黑船敲開國門的日本，則進行所謂的明治維新。直至一八九四年的甲午戰爭，日本勝、清朝敗，決定了日本霸凌中國的外交發展。

其實公道來說，日本霸凌中國也有它的不得已，往北會碰到老牌強國俄羅斯、往南則是英法把持的東南亞，這兩個方向遇到的阻力，都不是新興的日本所能承受。至於往東……那可是太平洋，難不成教日本人去侵略海裡的魚蝦蟹？或是跨越一整個大海，向當初強迫他們開國的美國討公道？柿子挑軟的吃，西邊的中國自然

一九一五年五月二十五日，《二十一條要求》（中日民四條約）簽字時中日代表合影。左起：（中方）外交次長曹汝霖、外交總長陸徵祥、秘書施履本；（日方）參贊小幡西吉、駐華公使日置益、書記官參贊高尾。

成為日本最能發展的侵略方向。

話雖如此，日本要在中國撈利益也是不容易啊。相對英法俄這些西方列強，日本在中國真是後生晚輩，通常只能撿前輩留下的殘羹剩飯塞牙縫，不時還要被西方列強打壓一下。不過這樣的情況，在一九一四年第一次世界大戰爆發後有了改變。

當時日本趁著西方列強深陷大戰無暇他顧之際，由駐華公使向袁世凱投遞《二十一條要求》，內含五大主要項目：

一、關於山東省

中國允許日本繼承德國在山東的一切利益。山東省內及其沿海土地島嶼不得讓與或租與他國。

煙台或龍口至膠州鐵路，由日本建造。

二、關於南滿、東蒙

中國承認日本在該地的優越地位，並享有土地租借權及所有權。

中國在該地向外借債，聘請政治、軍

事、財政顧問，均需得日本之同意。

吉長鐵路由日本管理。

三、關於漢冶萍公司

該公司改為中日合辦，屬於該公司各礦的附近礦山，不准他人開採。

四、關於中國沿海港灣、島嶼者

所有沿海港灣、島嶼概不讓與或租與他國。

五、關於全中國

中國政府須聘用日本人充政治、軍事、財政顧問。

中國警察改為中日合辦。

中國所需軍械的半數以上，只能向日本採辦，軍械廠需中日合辦。

日本在中國所設醫院、寺廟、學校享有土地所有權。

允許日修築多條鐵路。

並在福建可優先投資籌辦鐵路、礦山、整頓港口（含船廠）。

袁世凱接到此通牒後，立刻召集外交部人員商議，而外交部次長曹汝霖看完《二十一條要求》後，著急地說：

「日本的要求，勢力由東北至福建，權利由建鐵路、開礦產以至開商埠、內地雜居；甚至要求各機關設立日本顧問、軍警由日人管理，這種苛刻條件，跟要我們亡國沒啥兩樣啊！」

袁世凱何嘗不知？他說：「日本這次意義很深，他們趁歐戰方酣、各國無暇東顧，才提出這些要求，意在控制我國，決不可輕視。」

於是袁世凱和外交部展開一連串的策略，試圖解決亡國危機。

【策略一】讓陰謀見光死！

其實這次日本駐華大使的談判方式非常奇怪，因為在一戰以前的外交規則：任何外交事務應該經由「外交部」進行處理，而不能直接透過一國元首進行轉達。從日本人破壞外交規則，加上駐華公使還威脅：「你們不可以洩漏這個機密，不然定招致嚴重後果！」這代表……日本人不想，也認為不可以讓這二十一條要求曝光！畢竟西方列強在中國擁有巨大利益，若真按照二十一條要求，讓日本獨占中國利益，那麼西方列強準定找小日本算帳。

曹汝霖。

「永遠別照敵人的想法做事，因為敵人想要你這麼做！」

——法國將領 拿破崙

袁世凱的應對方式很簡單：「我偏要讓這事見光死！」

於是他告訴日本大使：「你直接找我談

外交事務，不合規矩，請你找外交部商談此事。」這使談判對象從一個人擴及一個部門，增加洩密的可能性。之後袁世凱還將二十一條要求的事情透露給報社；這讓中國老百姓知道了，很激動！外國列強也知道了，他們更激動，於是正在酣戰的英國、沒加入大戰的美國，立即派遣大使詢問日本：「你們真有提出《二十一條要求》嗎？」

日本沒想到竟有外國勢力跑來干涉，先表示：「傳聞二十一條要求有五大項內容，其實沒這事，我們只有提出傳聞中的第一、第二項要求。」

後來又說：「好啦，第三、第四項也有。」

最後說：「呃……其實，第五項也是有的。」

日本人發現，美國人臉色變得相當難看；因為美國人向來主張「門戶開放」政策，也就是各國都可以在中國享有利益。日本的第五項要求卻等於要獨霸中國利益，小日本……你日子過太爽，想搶我們美國人利益，欠K啊！

面對老美的憤怒，日本人連忙表示：「這第五項，我們只是『希望』中國答應，不會強求啦！」

【策略二】拖延戰術，以時間換取空間

在《二十一條要求》曝光，需由外交部進行談判後，袁世凱吩咐外交人員：「我已逐條細閱批示，你們照此商議；與日本談判時，應逐項逐條商議，不可籠統並商。」

負責對日談判的外交總長陸徵祥明白：談判時間拖越久，日本面臨的輿論壓力會越大，到時中國就有可能增加談判空間。於是當日本大使要求：「盡速開會！而且每天都要召開會議達成協議！」

陸徵祥說；「開會沒有問題，但是各國沒有在星期天開會的慣例，而我身為外交總長有許多事務需要處理，因此每次談判只能在下午五點開始進行。」

日本大使抗議：「五點太晚了，最好下午兩點開始，夜間也必須持續！」

陸徵祥表示：「兩點鐘談判ＯＫ啊，但是我身體太壞，夜間就無法開會了。」

總之陸部長找盡各種藉口，就是要減少談判時間，好拉長整個談判的會期，甚至等到雙方進行談判時，陸徵祥總是先不疾不徐地說：「請貴國大使入座。」按外交禮節，日本人也只好客氣地說：「不，請貴國先入席。」雙方客氣來、客氣去，光讓座就糾纏個十幾分鐘；等到就定位，日本人要直切主題時，陸徵祥又說：「請上茶。」然後日本人只好依照外交禮儀，喝著茶聽陸徵祥開始天南地北地亂扯。

陸徵祥。

你說日本人知不知道陸徵祥在玩拖延戰術？答案是：當然知道！但是陸徵祥的一切行為都依據外交禮儀，為免有損國家形象，日本人又被拖延個幾十分鐘。

等到進行談判時，陸徵祥更是遵照袁世凱

的指示：逐項逐條商議，拖慢會議的節奏。每次當談判情勢不利，陸徵祥就說：「唉呀，我身體不行啦！實在無法撐下去了，有事明天再商議吧。」搞得日本人十足鬱悶。

【策略三】反客為主，將戰場帶回日本

當國內談判展開之際，袁世凱展開了一系列的幕後運作，好削弱提出二十一條要求的日本大隈重信內閣的影響力。

首先，袁世凱派人赴日遊說和大隈重信立場相對的元老重臣；接著，收買日本浪人做間諜收集情報；最後，秘密支持四個日本議員競選，而這些接受十六萬日元選舉費用的議員，就在議會中彈劾大隈內閣。

大隈重信。

這下大隈內閣囧了！

國內外都面臨強大壓力，談判又難有進展，為了趕快結束這場外交爛仗，日本大使決定對中國提出的條件妥協。

但是！他們也在五月七日下午三時，向中國提出接受二十一條的最後通牒：

「限於五月九日午後六時前答覆，不然日政府將採『必要』措施！」

所謂必要措施，其實就是不惜開戰，當時

日本海軍巡弋於渤海一帶，陸軍則開往東北三省，面對結實的硬碰硬，袁世凱是再沒得取巧，他無奈地表示：

「我豈願意屈辱承認？但是對比中日國力，不得不委曲求全……」

於是在一九一五年五月九日，外交部的陸徵祥、曹汝霖將《二十一條要求》最後修訂本遞交日本公使，曹汝霖對此表示：「當時我心感淒涼，有一種親遞降表的感覺……」

不過，袁世凱的招數還沒完啊！

【策略四】說一套，做一套

日本最終跟中國簽訂的要求中，第四、五大項沒簽訂，第三項要求則被刪除一條，至於被迫答應的第一、二項十一條要求，袁世凱這麼說：

「購地租地，我叫他一寸地都買不到手；雜居，我叫他一走出附屬地，就遇到生命危險；至於警察顧問用日本人，我用雖用他，每月給他幾個錢罷了，至於顧不顧、問不問，決定權卻在我身上。其他各條，我皆有破壞之法。」

此後，在東北的日本人說：「我們日本人在東北被囚禁於附屬地界內，一步不敢出附屬地；至於向中國人購地、租地，更是談不上。」

日本顧問也說：「我等名為顧問，其實絕無人顧，絕無人問。」

簡單來說，袁世凱已將二十一條要求的傷害性降到了最低，整場外交戰役可說「雖敗猶榮」。而且袁世凱還在《二十一條要求》簽訂後，深刻體會國力不足只能被霸凌的屈辱，於是下令：「將五月九日列為國恥紀念日！」又對左右說：「勾踐不忘會稽之恥，最後終於打敗了吳國，那些咄咄逼人的人終有肉袒牽羊之一日。」

（這時我突然有個疑問：所謂五九國恥紀念日是由袁世凱親自訂下，表示有自我檢討的意味，結果現在教科書的筆法，卻把國恥日描述成好像是民眾對他不滿才諷刺制訂出來，真不知道當年編寫教材的人有何居心啊？）

由上述事件看來，新成立的中華民國，真可謂命運多舛、風雨飄搖，甚至還面對外來的壓迫和亡國危機；但諷刺的是，後來滅亡中華民國的，不是外國人，反倒是它的建國者——大總統袁世凱！

第九章

洪憲帝制的殞落

給我一個當皇帝的理由

袁世凱現在留給後人的最大印象，不是中華民國第一位正式總統的身分，而是他曾經當過八十三天的短命皇帝。

按較早期教科書表述的思維，老袁太迷戀權力才被欲望沖昏頭，硬要當皇帝開歷史倒車……這種「迷戀權欲說」並非不可能，但也禁不起推敲。

因為袁世凱成為正式大總統時，他沒有任何權力的限制，可以無限次連任總統，甚至可選三位繼承人。說真的，這超級總統的權限跟皇帝已經沒啥兩樣！以此來看：袁世凱實在沒必要當皇帝啊！

有趣的一點是，其實袁世凱自己有解釋當皇帝的原因。

根據袁世凱在取消帝制後頒布的《撤銷帝制令》，有這麼幾句話：「民國肇建，變故紛乘，薄德如予，躬膺艱鉅，憂國之士，怵於禍至之無日，多主恢復帝制……（中略）。蓋在主張帝制者，本圖鞏固國基……」

（簡單翻譯：

「自從民國建立，國家非但沒變好，反而禍事越來越多！為何如此？因為以往傳統中國皇帝制度起碼確定了獨一權威，讓中央政府得以高效率地決策，這雖非最好的制度，卻是眾多人士熟悉且能穩定運轉的政治模式。可當共和建立後，新的政治玩法我們玩不轉，所以有人主張恢復帝制重建秩序，而我老袁也是為了國家好，這才順應他們的主張，想當皇帝啊！」）

以上說法近幾年頗為流行，可老ㄕ有個問題：「這話是老袁自個兒說的，難道不會有自我美化的成分？大家能相信或是願意相信多少？」

說到此處，我想跟大家談談：所謂的「歷史事實」與「歷史解釋」。

何謂「歷史事實」？就是實際發生過的結果，比方說：袁世凱稱帝。

何謂「歷史解釋」？就是不同人對事實的解析或探究，比方說：為何袁世凱要稱帝？

事實只有一個，但詮釋事實的「解釋」往往五花八門。根據敘述者立場、經驗、個性……等等因素，每一種解釋不僅大不相同，而且或多或少混進了敘述者的主觀意識。說得恐怖一些，當人選擇接受某種解釋，就是決定被敘述者主導自己的思考！

現在網路時代，任何人都可以提出自己的一家之言，並發表在容易閱讀的平台上。資訊大爆發，對人們有好處，但也出現一個問題：「我們怎麼知道何種資訊為真？何種為假？以及我們相信資訊的理由為何？」如果沒去思考以上疑問，而簡單地接受單一說法，那、是、很、危、險、的！除了可能接收到錯誤訊息，還如我前面所提：被人操弄想法而不自知。

所以歷史系的功課中，珍貴且重要的，不是記下多少歷史事實，而是對各種解釋有著思考的本能，一邊蒐集資料的同時，一邊思考出一個自己可以接受且能受得起推敲的解釋。

同樣的，在「袁世凱為何打算當皇帝」的大哉問上，我不是想告訴大家一個唯一正確的答案，當然在接下來的敘述中，我會說出一個「我認為」的解答。但在大家看這本書的時候，請記得一件事：「對於資訊抱持著懷疑、思考、驗證的態度。」這樣就能發揮本書更大的價值。

話回前面的問題，袁世凱有必要當皇帝嗎？我認為：「袁世凱本人沒必要當皇帝，但有人很希望他一定要當皇帝！」這就要問大家：「超級總統跟皇帝到底有何差別？」

答案是：

超級總統雖能選定三名接班人，但接班人選還是充滿變數的；若是皇帝的接班人，按中國傳統繼承制度，只會有一個人選，那就是嫡長子（大老婆的大兒子）。

所以為何袁世凱想當皇帝？因為他的長子袁克定想要他當皇帝！

袁克定的打算

我們常講一句：「三妻四妾。」這其實是對中國傳統婚姻的誤解，事實上中國人的老婆（妻）只能有一個，其他的女人都只是妾（又稱為如夫人）。而且大多數的古代中國家庭還是一夫一妻的狀況居多，因為娶太多妾，生太多小孩，光伙食費都高得驚人，沒有經濟能力根本無法扶養龐大的妻妾團。

身為達官貴人的袁世凱，自然沒有經濟負擔的問題，所以他擁有的配偶及衍伸出的家庭陣容也就極其壯大。他的妻妾成員有：

袁世凱的妻妾及女兒們。

元配（大老婆）——于氏

第一妾——沈氏（妓女出身）

第二妾——李氏（朝鮮人）

第三妾——金氏（朝鮮人）

第四妾——閔氏（朝鮮人）

第五妾——楊氏，做事精明能幹，被委託處理家中事務並掌有金庫鑰匙，可說是眾妻妾中地位最高者。

第六妾——葉蓁

第七妾——張氏

第八妾——郭寶仙

第九妾——劉氏

而老袁做人極其成功，共有十七個兒子、十五個女兒、二十二個孫子、二十五個孫女，兒孫總和達七十九人！

家族成員多，是非也跟著多；尤其袁世凱作為一個好色之徒，跟妻妾之間自然就會發生一些衝突。像是袁世凱的大老婆于氏，袁世凱十七歲時與她成婚，但婚後仍時常流連風月場所，讓于氏累積一肚子怨氣。有一次，袁世凱看到于氏繫著一條紅色繡花的緞子褲帶，結果就一時嘴賤說道：「喲呵！看你這（妖豔的）樣子，就像個婊子！」一面對這種低級玩笑，于氏立即反唇相譏：「老娘不是婊子！老娘可是有娘家的，不是那種沒娘家人的姨太太！」

這話一說出口，後果可就嚴重了！原來袁世凱的親生母親，就是個姨太太，老袁當場暴怒：「身為一個媳婦，你敢瞧不起我娘？」從此袁世凱再也不跟她同房，讓于氏展開守活寡人生。甚至後來袁世凱去朝鮮當官，他寧願帶著出身妓女的第一妾沈氏作為陪伴，卻把元配丟在故鄉，這表示：「在我老袁心中，你這女人就還不如一個婊子！」

父母失和，使于氏所生的袁克定在童年時期甚少見到父親，並因缺乏照顧而身體孱弱，甚至好幾次吐血到差點夭折，導致他後來長得頗為抱歉。而且克定老兄不只先天不良，偏偏還遇上後天意外！

有一次，袁克定騎著一頭騾子拜訪他的二弟袁克文，結果等到要打道回府時，袁克定說：「ㄟ兄弟，我看你有一匹馬挺駿的，讓我騎牠回去吧。」

袁克文一聽，就說：「哥，我怕這馬你騎不慣，萬一出意外不大好，還是別了吧。」可袁克定卻表示一定要騎駿馬，結果他騎到一半，馬突然不受控地把他給甩下來，據說還拖行了一小段路！自此袁克定摔斷左腿成了跛子，左手手心也破了大洞，搞得大半輩子成為一定要戴手套的傷殘人士。這使他儘管精通英、德、法、日各國語言，又替袁世凱接洽各國公使，可袁世凱一看到他的外貌就起反感，對他也甚少關愛。

相比之下，袁世凱的二兒子——袁克文，真是幸福美滿許多。

袁克文，字豹岑，他的母親是袁世凱在朝鮮當官時期娶的韓國人金氏，所以克文老兄可是位外貌英俊的中韓混血「歐巴」。更幸運的是，袁世凱的第一妾沈氏在一次流產後喪失了生育能力，袁世凱捨不得沈氏難過，又見到金氏不只克文一個孩子，於是袁克文就被過繼給沈氏扶養。無兒女陪伴的沈

袁克文。

氏遇到克文，母性大爆發，每當袁克文向她要錢，她不但不拒絕，還會加碼贈送。這使得袁克文從小就是位闊綽公子，甚至養成跟他爸一樣的習慣……從小喜歡去妓院！

克文歐巴在十五歲時就開始流連風月場所，即便婚後仍持續四處留情，這使克文的老婆劉梅真，找袁世凱哭訴：「克文他根本不顧這個家，也不尊重我！」

可老袁的回應是：「有作為的人才有三妻四妾，女人吃醋是不對的！」

在老爸的支持下，克文「歐巴」不負期許地納了五個姨太太，並且擁有眾多地下情人，據說人數達七、八十人。

當然，克文之所以得寵，不只是因為長得帥。事實上，這位「歐巴」熟讀四書五經、書法頗具功力、對古玩具有獨到的鑑賞功力，當時許多文人可是樂意和袁二公子相互以詩文唱和，其中最有名的好友，當屬民初才子——徐志摩。甚至他對國

劇也是研究頗多，還時不時登台演出，雖比不上梅蘭芳這樣的宗師，但在當時也是名角一位，讓當年讀書成就頗低的袁世凱很是得意，才對他如此寵愛。

可對於袁克定大公子，當真滿滿不是滋味。自己循規蹈矩並為父親努力辦事，但是在外他未必獲得他人尊重，在家也得不到關愛。

一個人自覺不受肯定，越要做出一些事情讓人肯定。所以根據眾人回憶，袁大公子極喜歡擺架子及排場，動不動要人對他磕頭致意。可問題是：若非有個總統老爸，別人對他未必待見，哪天老爸死了、靠山倒了，別人還會把他放在眼裡？所以自個兒老爸如果是皇帝，那他就是太子，日後更會繼承為帝，這樣所有人就必須理所當然地尊敬我甚至崇拜我！

孟子有句名言：「上有好者，下必有甚焉者矣。」眼看老爸呼風喚雨，袁克定豈會不羨慕？又豈會甘願讓他人奪走權力地位？所以最能繼承權位的方式，就是恢復皇帝制度，讓自己這位大兒子成為法理上當然的繼承者！

但對於袁世凱來說，他實在沒必要當皇帝啊？而任何權力的更動都要負擔極大的政治風險，袁克定要如何讓老爹動起當真龍天子的念頭呢？

有一天，袁克定對袁世凱說：「爹，您也有五十七歲了吧？」

袁世凱不太開心地說：「你問這個幹嘛？」

原來袁家自袁甲三高中進士後，除了榮華富貴外，還多了一個傳承……活不過六十歲（袁世凱的叔祖父甲三：五十八歲，叔父保恆：五十二歲，養父保慶：五十二歲，親父保中：五十二歲），這一直是袁世凱心中揮之不去的陰影。

袁克定說：「爹，要是您當了皇上，那可是有龍氣護身，這股運勢一衝，說不定您就過六十這關啦！」

五十七歲的老袁聽到這話，深深地沉默，然後袁克定知道……老子心動了！

再強大的人終歸有弱點，只要明白弱點，就能輕易折服人。而精明幹練的袁世凱，在未知的死亡前，終究只是一心求生的弱者。而且袁克定還不斷放出各種訊息，比如：項城縣挖出巨大龍骨、老袁家的祖墳冒出紅光、祖墳附近挖出塊依稀有「天命攸歸」字跡的石頭……

別覺得這些招數既迷信又低級，因為只要能集中弱點，那就是好招，不然為何總是有詐騙集團騙倒高級知識分子的新聞出現呢？

更何況，袁克定及其他想要推舉袁世凱當皇帝的人，他們是「一直、不斷、屢次」慫恿，逐漸瓦解袁世凱的意志。拒絕誘惑一次很簡單，一開始就拒絕誘惑也不難，但當誘惑長期陪伴且力度一次次加大時，還、有、幾、人、能、堅、持、初、衷？

既被掌握弱點，又面臨越加動人的誘惑，袁世凱最終就在親兒子的鼓動下，選擇一條被權力套牢的險路。

稱帝是門學問

稱帝對袁世凱來說不僅沒必要，還要負擔極大的風險。

壯哉我大中華歷史上，不知發生多少次的改朝換代，這其中若要「和平移轉政

權」就必須參考東漢末年曹丕與漢獻帝之間「禪讓」制度。當時曹丕先是掌握軍政大權，接著找人為自己造勢，之後在漢獻帝「心甘樂意」讓位時，還假裝謙虛地拒絕三次後，這才和平地接手東漢政權。

對於二十世紀初的袁世凱，若想要和平轉移政權，成為皇帝掌握更多的權力，他不僅要有曹丕的條件，還需面對兩個全新的阻礙：西方列強、共和思想。

自清末以來，西方列強的態度往往決定中國內部勢力的發展。比方說：太平天國反抗清朝初期，西方列強一開始覺得洪秀全是基督徒，較有親切感；加上跟清朝貿易談不攏，覺得可以和太平天國締結更有利的貿易關係，所以起先西方輿論對太平天國頗為支持。

可是等到太平天國拒絕列強的貿易條款，清朝則在英法聯軍後與洋人建立了合作關係，加上傳教士發現：「What the hell?那個姓洪的瘋子竟說自己是上帝的第二個兒子？這是異端啊！」於是西方開始提供清朝軍火，甚至組織部隊攻打太平天國，最終協助清朝平定這場動盪十多年的民變。

而袁世凱當初能脅迫清朝皇帝退位，並讓革命黨甘願推舉他當總統，很重要的原因是他擁有各國公使的表態。所以若要當皇帝，西方列強的態度是關鍵中的關鍵！

另外共和派人士會理直氣壯地表示：「於情，新中國的共和是多少人的付出及犧牲的成果？怎可輕易言廢？於理，美、法兩國是共和制國家，他倆國力一整個好棒棒來著，可見共和制才是中國的希望。」

若不搞定這兩大難關，謹慎的袁世凱無論如何是不肯輕易地恢復帝制。

但也是時機巧合，民國初年，當時中國的政治顧問，哥倫大學法學院院長古德諾提出了「帝制優於共和」的主張。當然這裡要特地澄清，古德諾教授的論文完整內容是：「獨裁的帝制優於獨裁的共和。」因為古教授在進行純粹學理分析時發現：「獨裁共和制度無固定接班人，所以等到掌權的強人過世，往往引起繼承權的鬥爭（前面舉過毛主席死後，江青沒多久就被關進大牢，就是活生生的例子）。君主獨裁制度則有固定接班制度，起碼能解決權力過渡的紛爭（舉個例子：中國嫡長子繼承制度就玩了幾千年，雖然不是沒有出過權力鬥爭問題，但比例真的算少。更極端一點，哪怕繼承皇帝的是會問「何不食肉糜」的社會常識白癡，依舊平順地接替大位，可見嫡長子繼承制的穩妥度）。所以若是個獨裁社會，君主獨裁會比共和獨裁好那麼一點點。」

古德諾。

注意，古教授可是有獨裁社會的設定前提，這與實施民主政治的中華民國有著現實落差。但在教育仍不普及的民初，會有多少人認真參詳論文內容嗎？這就讓袁世凱擁有推動帝制的學理依據。可重點是，最具影響力的列強們支不支持袁世凱搞帝制呢？

話說袁世凱每天會閱讀眾多國內外報紙，而這些報紙通常都是由長子袁克定採購，有一天袁世凱拿起了《順天時報》，這是由日本人在北京開辦的報紙，往往能反映外國勢力對中國的言論，袁世凱對其很是看重。讀著讀著，他突然跳起來激動地大喊：「好！」

原來《順天時報》上面，竟然有支持中國恢復帝制的言論！這讓袁世凱下了決定：「國外既不反對恢復帝制，那我何妨再上一層樓，登上九五之尊呢？」

打造皇帝的夢幻團隊

前面說過曹丕的例子：如果想當皇帝，千萬不能自己說出來，而是要由底下的人幫你抬轎造勢。按此傳統，袁世凱推動帝制的第一步，就是組織自己的造勢團體——籌安會，此團體成員有楊度、孫毓筠、嚴復、劉師培、李燮和、胡瑛，這些人可都是名震一時的人物。

首先是籌安會之首楊度，他年輕時去日本法政大學速成科留學，對西方憲法頗有研究；當清朝在庚子後新政時期，決定仿效西方、日本諸國建立憲法，楊度寫了《中國憲政大綱應吸收東西各國之所長》和《實行憲政程序》，使改革派官員大為激賞，因此被邀請回國，成為清政府的憲政顧問，許多滿族王公大臣還要乖乖地聽他授課。

順帶一提，當楊度在日本時，他曾跟孫文碰過面並相談甚深，可他始終不贊成革命。但他又跟孫文說：「我雖不贊同你的理念，但可以介紹一個人給你認識。」於是楊度介紹孫文認識了他早期留日的老同學黃興，孫黃兩人後來一拍即合，在日

（左）楊度；（中）嚴復；（右）李燮和。

本組成「中國同盟會」。換句話說，楊度根本就是整合革命黨的重要推手，可是即便孫文在同盟會成立後，持續邀請楊度加入，他老兄仍不為所動地堅持君主立憲理念。

於是這位死忠的君主立憲支持者，聽到袁世凱打算要結束共和改君主立憲，自然是鼎力相助，成為袁世凱最重要的稱帝支柱。

至於籌安會中的嚴復，那可是改革派中的骨灰級前輩，這位老兄曾翻譯《天演論》、《國富論》、《法意》等西方著作，促使無數學子眼界大開，被奉為啟蒙中國思想西化的宗師級人物。日後的文學大師胡嗣穈，之所以改名為胡適，革命黨人陳炯明，之所以字競存，都是閱讀了《天演論》，所以取個能「適」應環境、好提升「競」爭力的名字。甚至連中華民國的第一任副總統黎元洪，都是嚴大師的學生，可見此人當時的地位。

其餘孫毓筠、劉師培、李燮和、胡瑛等四

人，皆是革命黨出身，可謂民國的開國功臣。這些革命黨人眼見新生的共和異常混亂，失望之餘，索性決定嘗試君主立憲，期待建立一個更好的政治制度。

如此搖擺於君主立憲及共和之間的場景，其實在民主國家的代表——法國發生過。像法國大革命成功後，立刻分成贊同君主立憲的吉戎地黨、贊同共和執政的雅各賓黨，最後雅各賓黨勝出建立第一共和政府，但法國仍時常有政治混亂及經濟危機，這使法國人民日後反而支持拿破崙稱帝，好成立一個強大又穩定的中央政府。後來法國爆發七月革命，成立君主立憲政府，卻因君主立憲政府對選舉權限制太多加上遇到經濟危機，沒有選舉權的窮人就發動了二月革命，建立第二共和政府。但共和政府還是無法解決經濟危機，於是竟讓路易・拿破崙又搞出個君主立憲帝國，路易・拿破崙也就從總統搖身一變，成為大名鼎鼎的拿破崙三世。

以上這些題外話，是想告訴大家：「共和未必好，君主立憲未必差。」法國嘗

（上）胡適；（下）胡瑛。

試多次，才奠定今天的共和制度；民初的新生中國，自然也會有搖擺兩端的困惑。

但這些對袁世凱來說都不是重點，重點是：這四位前革命黨人士簡直是夢幻般的最佳抬轎人選！試想：有比共和派反對共和更具殺傷性的輿論嗎？

不過當此六人在輿論造勢成功的同時，袁世凱卻注意到一個狀況……軍隊出問題了！

雖然「槍桿子出政權」這句經典名言還沒在民初出現，但以軍事起家的袁世凱豈會不明白：「沒有武力就沒有權力。」所以從一九一五年八月起，袁世凱發電詢問各省掌握兵力的將軍及巡按使：「是否贊成更改國體？」結果奉天的段芝貴、東北的張作霖、山西的閻錫山、廣東的龍濟光、四川的陳宧、雲南的唐繼堯……這些武將一致表態贊成，甚至還搞出「十九將軍聯合勸進」公開力挺袁世凱！但是最讓袁世凱重視的北洋三傑——龍（王士珍）、虎（段祺瑞）、狗（馮國璋），卻有不同意見。

三傑中，排名第一的王士珍算是最特立獨行。因為這位老兄支持的是大清王朝，所以在清朝滅亡後，王士珍選擇淡出軍政界。雖然當北洋內部發生爭論，總有人因昔日威名商請王士珍出來調停，但王士珍往往在紛爭差不多平息後，立刻又回家過著隱居般的生活。對於袁世凱來說，這尾在政壇上神出鬼沒的「臥龍」，雖不受控制倒也不受折騰。

段祺瑞、馮國璋可就不一樣。段祺瑞曾在北洋六鎮中的四個鎮做過領導，這本

來是袁世凱防範他長期掌握單一部隊而做的調度，卻沒想到段祺瑞有本事在四個部隊中都建立人脈基礎，成為除袁世凱外，最能掌握北洋軍軍心的第二號人物。

馮國璋雖不像段祺瑞帶領過這麼多部隊，但他長期領導清末禁衛軍，使他若論單一部隊的掌握度，猶在段祺瑞之上；而且當初為了平定二次革命，袁世凱曾派馮國璋率領大軍前往南方鎮壓，並在事後駐紮於長江流域，這使馮國璋魚入大海、鳥上枝頭地執掌地方大權，越加讓人難以掌控。

若論此兩人對袁世凱的忠心度，那是沒話說的，但若涉及袁世凱死後的權力接班問題，卻又是另一回事了。畢竟眼看當初袁世凱靠帶兵起家，最終登上權力寶座；段祺瑞、馮國璋何嘗不想依循「袁世凱模式」，也靠著軍權爬上權力高峰呢？所以我倆可以生前為老袁效忠，但他躺棺材後，那權力寶座就是有能者居之，換人坐坐看！

（上）張作霖。
（中）閻錫山。
（下）唐繼堯。

除此之外，這兩人還有一個很私人的理由，使他們絕不支持袁氏家族搞出立憲帝制好繼承權力，理由就是……他倆對袁克定大公子，非、常、反、感！

話說袁克定這位公子哥們，除了對北洋之龍王士珍稍有敬意外，基本上瞧不起所有北洋軍將領，尤其袁大公子還跟段、馮二人結下不小的樑子。

有一次，袁世凱要成立一個軍事模範團，他找段祺瑞商量：「我打算讓克定主持模範團，你看如何？」段祺瑞表示：「公子形骸不全，有損軍儀。」袁世凱想想袁克定腳瘸甚至顏面受損的模樣，認為段祺瑞說得有理，於是採納了段祺瑞的意見。這讓聽到消息的袁克定氣瘋了！第一，他生平最恨人講他受傷後身體殘缺的事；第二，一個掌握軍權的機會竟被搞掉；他決定：「看我不反擊你回去！」

於是當袁世凱要搞帝制，而段祺瑞顯示反對之意時，袁克定向老袁建議：「爹，段祺瑞他病了，暮氣深沉，又不肯尊你號令，聘卿叔叔（王士珍）的能力比他強，對你又溫順，不然讓他頂替陸軍總長的位置吧。」

老袁覺得有道理，於是就對段祺瑞說：「芝泉（段祺瑞的字），你病了，下來休息吧。」

於是段祺瑞就被拔掉陸軍總長的位置，而一肚子悶氣的段祺瑞為了避免跟袁家有進一步衝突，於是藉口前往北京附近的西山療養。臨去前，段祺瑞前往袁家拜訪辭行。結果袁克定竟然鼓動一些幼弟以及自己兒子，圍著來訪的段祺瑞，指著他大笑：「哈哈！段歪鼻子！」

段祺瑞氣炸了，原來他這人只要一動怒，鼻子不知為何就會歪向一邊，所以被人諷稱「段歪鼻」，這是他最忌諱的事。於公於私，袁克定都把段祺瑞給徹底得罪了。

而馮國璋同樣不被袁大公子待見。話說袁世凱稱帝前，一幫自小站練兵就跟隨袁世凱的北洋武將為了迎合上意，於是說：「我們以後見總統行跪拜禮吧！」

按理說到了民國，沒了皇帝，就算對總統也只要鞠躬即可，段祺瑞對此提議特別不滿，所以當其他人跪拜袁世凱，段祺瑞是怎樣也不肯屈膝。不過等到馮國璋從南方回到北京並拉著段祺瑞面見袁世凱時，馮國璋卻是二話不說就向老袁跪拜。這下段祺瑞只能認輸了，畢竟馮國璋同他都是北洋三傑，他可以不賣其他北洋將領的面子，卻不能不顧忌馮國璋，只好跟著屈膝跪拜。

袁世凱一看到兩位大將下跪，立刻跳起來相扶，並說：「不敢當！」一時之間，三人倒也客客氣氣。

等到段、馮二人拜見袁克定，馮國璋依舊行跪拜禮，段祺瑞只好跟進，結果袁克定端坐在位置上動都不動，然後露出一臉理所當然的跩樣。

這讓段祺瑞一走出來，立刻怒吼：「你看看！老頭子倒還謙遜，大少爺卻架子十足！我們已經做了上一輩的狗！還要做下一輩的狗！」

馮國璋也說：「莫說你怒，我也怒！今後我們不能再當別人的狗！」

馮國璋還自此表明：「像這樣的曹丕將來如何伺候得了？」

（老馮會這麼說，是因為時人多比喻袁世凱為曹操，所以袁克定常自比為曹操的接班人曹丕。）

並向老袁質問：「人家都說你想稱帝，傳位給你袁氏子孫，這是真的還假的？」

面對馮國璋的質問，袁世凱回答：「袁家沒有人活超過六十歲，我今年都五十八了，就算做皇帝能有幾年？況且皇帝要有像樣的兒子繼承，我大兒子殘廢、二兒子假名士，三兒子精神失常，常舞刀舞槍地砍人，當真土匪一個。你說哪一個能繼承大業啊？」

馮國璋一聽，覺得此話有理，於是滿意地離開，然後逢人就說：「總統跟我掛保證，他不會當皇帝的。」

要說馮國璋身為一個軍政人物也真是太老實了吧！難道他不知「人前人後不一樣」的道理？

等馮國璋一走，袁世凱氣得大罵：「馮華甫豈有此理！」

對於崇尚德國「服從為軍人最高天職」理念的袁世凱來說，馮華甫這個老部下竟敢質疑自己這位老長官？你是翅膀硬了就忘了規矩啊！

眼看段、馮二人對帝制持反對態度，而且逐漸取代自己在北洋軍的地位，為了重掌兵權，袁世凱興起一個念頭：「乾脆另找他人頂替北洋三傑的地位！」

那要找誰？曹錕？張勳？段芝貴？陸建章？

這些人都不行，除了能力比北洋三傑弱一檔次，更重要的是：這些人都是北洋軍出身。讓他們掌權，不出幾年就是另一個馮國璋、段祺瑞。所以袁世凱想扶植的

新人，一要有才、二要與北洋軍無瓜葛、三要效忠自己，在以上條件要求下，袁世凱把眼光望向了……蔡鍔！

蔡鍔，字松坡，清末湖南省寶慶府邵陽縣人。

出身務農家庭，雖不富有，但日子倒還過得去，所以家裡就讓蔡鍔上私塾。本來蔡爸、蔡媽只是想讓兒子能識字就心滿意足，誰知道蔡鍔竟是個天才兒童，在沒啥教育資源的情況下，竟在十四歲考上了秀才！之後在他人推薦下，蔡鍔進入新式學堂學習，並遇到對他一生影響最巨大的恩師——梁啟超。

梁啟超給蔡鍔第一個重大人生提議就是：「去日本留學長見識吧！」於是蔡鍔遠渡東洋，先是學政治哲學及普通科學，後來改修軍事，並從東京振武學校及日本陸軍士官學校畢業。由於學經歷完整，蔡鍔歸國後，先後被清朝派至湖南、廣西等軍事單位任職，最後在宣統三年擔任雲南陸軍第十九鎮第三十七協的協統。那年他約二十八歲，相較於同時期也擔任協統的黎元洪（四十七歲）、曲同豐（三十八歲）、王占元（五十歲），可謂英雄出少年。到了民國成立，他更是擔任統一共和黨的總幹事，在政壇也有頗高的地位。

蔡鍔既是如此的允文允武，那就符合第一個條件：有能力；然後他在清末從未隸屬於北洋軍，這又符合第二個條件：無法在短期內取代袁世凱在部隊的威望。至於最重要的條件三：蔡鍔對袁世凱忠心嗎？

首先，和袁世凱保有良好關係的進步黨領袖——梁啟超，正是蔡鍔的授業恩師，這使得他與袁世凱的互動頗為友好；而當孫文發動反袁的二次革命時，蔡鍔選擇支持袁世凱聲討孫文；甚至在袁世凱推動帝制，需要各界人士為他壯聲勢時，蔡鍔還跟一票北洋將領在一九一五年八月二十五日聯合請願恢復帝制。總之，在袁世凱心中，蔡鍔（起碼在表面上）的配合度頗高，這才使他決定提拔他，壓制段祺瑞、馮國璋二人在軍中的影響力。

不過當時除了北洋軍的內部壓力，還有許多潛藏的反對勢力，分散袁世凱的心神。

袁世凱的北洋軍，主要根據地是華北一帶，隨著征討二次革命，部分部隊將勢力擴展至長江中下游，但袁世凱對這些南下部隊的掌控力已大不如前（其中代表為鎮守江蘇一帶的馮國璋），至於位於邊陲的廣西、貴州、雲南、四川，那更是鞭長莫及。

蔡鍔。

這些西南省分，大多由當地實力派軍人管轄；像廣西的陸榮廷、雲南的蔡鍔，在當地都極具影響力（辛亥革命期間，正是蔡鍔帶領雲南宣布獨立起義，倒向了革命陣營，可見當時，個人對地方一省政局的影響）。

所以袁世凱很早就在布局，試圖以緩進的方式消除、籠絡各地割據勢力。比如說：袁世凱將蔡鍔召見至北京，一來是為了提拔他，另一方面卻是要切斷他與地方軍

（上）王占元。
（下）陳宧。

隊的關聯。又比如：袁世凱授予陸榮廷「寧威上將軍」頭銜，這也是重要的拉攏手段。除此之外，袁世凱指派北洋軍將領陳宧，奉命領軍進駐四川，監視雲南貴州的動靜；並鼓動一向高度支持自己的廣東都督龍濟光，制衡廣西的陸榮廷；如此軟硬兼施，可見袁世凱對西南軍閥的重視。

而在民國四年，袁世凱一連串的手段似乎頗有成效。段、馮二人雖然私底下抱怨不已，但是檯面上卻非常安靜，沒有任何激烈的反袁理論。

當時就有人問段祺瑞：「你會不會反袁世凱？」

段祺瑞嚴厲表示：「宮保當初用洩漏考題的方式，拉拔我升官，我要是反他，我有何臉面自處？」不過接下來段祺瑞還是說了一句：「但帝制無論如何是不能搞的！」表達他的不合作態度。

雲南軍在蔡鍔離開後，雖然立刻推舉蔡鍔的部下唐繼堯接掌勢力，但唐繼堯畢竟新官上任、威望不足；廣西陸榮廷則積極地與袁世凱配合，一時之間，西南地區非常安穩。

何況這些反對勢力畢竟是少數，當時表態支持帝制的中央官員數以千計，各地有多達十九名一線將領也表示力挺，地方老百姓好幾次組成萬人請願團進北京希望恢復皇帝制度。雖然很多史料敘述，這些民眾大多是不明就理地被收買鼓動，但對清末民初的廣大民眾，「總統」跟「皇帝」到底差在哪裡？當真是傻傻分不清楚，甚至民眾對「皇帝」二字就是有種熟悉感，所以他們對皇帝制度的支持，起碼比陌生的民主制度真誠許多。重點是……叫皇上或總統都不重要，能過好日子才是重點！怎樣叫好日子？有錢、有糧就是好日子！現在有人給錢讓自己支持比較熟悉的皇帝制度，當真有何不可？

至於討袁口號叫得最堅決的革命黨勢力……算了吧！面對那些沒錢沒糧沒軍隊沒實力的雜魚，當真是認真就輸了！

既然形勢大好，對袁世凱以及在背後一直推動他的黨羽來說，自然要加快腳步。畢竟對袁世凱來說，六十歲魔咒快到了！對於袁世凱的黨羽，特別是袁克定大公子，袁世凱不往上爬，他們就無法往上竄升，於是恢復帝制的行動，越加緊鑼密鼓地展開。

以下列舉共和轉帝制期間的重要時間點：

一九一五年八月，主張君主立憲的籌安會開始鼓動更改國體的輿論。

一九一五年九月二日，各地軍事將領發表「十九將軍聯合勸進」的電文支持帝制。

一九一五年九月開始，在籌安會的策畫下，各式各樣的公民請願團體湧入北京，請求更改國體。

這些公民團體真的很多樣，比如：

人力車夫請願團：有點像今天的計程車公會。

乞丐請願團……敢問團長是不是姓洪？有沒有攜帶打狗棒？

婦女請願團……哇！婦女投入政治活動在當年算是劃時代的表現！

妓女請願團……這……籌安會的鼓動能力也真是徹底啊。

一九一五年十月，籌安會改名叫「憲政協進會」，該組織主管的「全國請願聯合會」決定在當年十二月，由各省選出國大代表表決是否更改國體。

一九一五年十二月十一日，擁有一千九百九十三位代表的全國代表大會多數贊成改變國體，並推舉袁世凱為中華帝國皇帝。

大家以為事情就到這裡結束了？不！老ㄕ說過：按中國禪讓習俗，當事人不能馬上答應，而要拒絕三次表達謙讓。所以……一九一五年十二月十三日這一天，中華民國大總統袁世凱宣布正式接受擁戴，此後自己是中華帝國的皇帝！而明年（一九一六年）將是這個帝國的第一個紀年，也就是洪憲元年。

想必那天的袁世凱一定是志得意滿，而袁克定更是因陷入自己會是太子、將來更是皇帝的幻想而沾沾自喜。但是袁家二少爺，就是那位在文學界頗有地位的袁克文，卻對父親的決定難以贊同，他甚至揮筆寫下：「絕憐高處多風雨，莫到瓊樓最上層。」或許他心想：「爹親，您一心一意要成為『飛龍在天』的九五之尊，但您可知道？若是強求且凡事太盡，只怕等著你的卻是進退不得的『亢龍有悔』窘境，到時只怕你畢生努力要毀於一旦啊！」

閒談洪憲帝制——具有混搭風的中西合璧式展現？

許多人看到袁世凱推動洪憲帝制，或許會認為：「中國又回到傳統的君主獨裁，這是開歷史倒車的落後表現啊！」但事實上，洪憲帝制非但不落後，其實從許多事務看來，反倒頗具新潮思維。

首先從年號來看，「洪憲」中的「憲」是指憲法的意思，這代表袁世凱所成立的中華帝國，是最初在清末為改革主流的君主立憲國。

而觀察中華帝國的創建過程，就會發現鼓動帝制最賣力的籌安會，最主要的宣傳口號其實緊扣著「立憲」，甚至之後還改名為「憲政協進會」，這也是中華帝國是以君主立憲為賣點的證明之一。

當然，世界上各君主立憲國授與皇室的權力大不相同。像歐洲的比利時、荷蘭，皇室只剩檯面上的尊崇地位而無政治實權；但若是二次世界大戰前的日本，可是為天皇保留許多權力。（順帶一提，部分二戰史學家指責天皇是發動戰爭的元兇，他們認為天皇握有部分實權，所以有涉入戰爭的決策；但有另一派學者認為：二戰時的天皇，被軍方勢力架空而無太多自主權。這當中是非，不在本書討論範圍，但會有此爭議，代表日本天皇在法律地位上的確握有較高實權；不然像二戰中沒有實權的義大利國王，就沒有引發是否涉入戰爭決策的爭議。）

像袁世凱這種雄心大志的人，會傾向西歐憲法？還是日本憲法？我想就讓讀者們自己揣測答案。可無論如何，在洪憲帝制最初的理念中，帝國是由憲法規範，而不是復刻明清時代皇權獨大、專制極權的局面。

當然，袁世凱的帝制，很大一部分是以中國二千多年的皇帝制度為架構，所以自然有其傳統的一面，像是袁世凱就主持古代中國皇帝一定要參加的重大儀式——祭天。

中國皇帝自古被俗稱為「天子」，意思是代表上天的天意，所以有足夠的合法性統治國家。既然是上天的兒子，那自然要不時跟天上老爸聊天聯繫感情，這就是所謂的「祭天」。明清時代的皇帝須從紫禁城步行到天壇，然後主持一連串繁瑣的禮儀細節，並且跟老天爺說：「看清楚，我是祢在地上的兒子啊，賞個臉，好好罩我，保佑我天下太平，並且子子孫孫都能在這皇帝位上坐得牢靠啊！」

其實祭天雖然不能確保上天一定保佑，但仍舊有重要的意義，那就是皇帝身分的象徵。要注意，祭天一定是皇帝親自主持，象徵皇權在順利運作。如果皇帝哪次祭天大典鬧失蹤，這代表皇權出了問題，到時可是震驚全國的大新聞啊！

最後一提，如果皇帝在祭天的時候不舒服怎麼辦？一般來說，皇帝會儘可能硬撐，好把程序走完；但若沒辦法，是可以找代理人主持的，而代理人通常就會被視

一九一四年冬至，袁世凱舉行了隆重的祭天儀式。

為皇權的接班人（現在大家明白，為何一些宮廷戲中，皇子拿到祭天主持人的位子會樂不可支，因為那代表他被現任皇帝默許要接班領導地位了）。

正因「祭天」隱藏如此多的內涵，袁世凱在還未坐上皇帝寶座前，就搞了個祭天儀式，而當時所拍下的照片，也成為洪憲帝制的重要象徵之一。

但若繼續細查，與祭天儀式同期進行的許多洪憲帝制事務，在當時的大多數人來看，真是不倫不類，因為袁世凱竟玩起千年傳統＋全新感受的中西合璧混搭風？

話說新帝國誕生，自然要發行一批新錢幣，於是中華帝國的龍銀就此誕生。這批龍銀硬幣，正面是袁世凱肖像，背面則是一條長著翅膀的龍，這讓許多民眾覺得……這條龍是啥玩意？

如果讀者有看過漫畫《七龍珠》中

的神龍，就會曉得中華文化（甚至是東亞文化）的龍，身體是長條狀、另有五隻龍爪，但哪裡會有翅膀啦？這世界上有龍長翅膀嗎？當然有！那就是西方的龍。如果有看過《哈比人歷險記：荒古惡龍》這部電影，裡面的惡龍史茅戈就長著一對超大翅膀。事實上，西方也有「龍」的概念，但他們卻不認為「龍」是好東西；尤其當《聖經》中的啟示錄，把撒旦的其中一個形象描述成「七頭十角的大紅龍」，龍就被視為邪惡的化身。所以我們有理由相信，袁世凱洪憲帝制下的龍銀，是想結合東方文化以及進步西化的表現，所以袁世凱的洪憲帝制非但不落伍，反而可能會被守舊派分子罵道：「你這條龍是神龍和洋鬼子龍生下的孽種嗎？」

最後，皇帝總是需要人伺候的，那由誰來服侍？相信大家立馬在腦中浮現一個職業：太監。

這些真實學名為宦官、俗稱公公的閹人們，在明朝已經發展到十萬多名，如此恐怖的數字雖和明朝授予宦官權力有關，但就算到了明文限制宦官人數的清朝，一般狀態下也有三千人參與這份斷子絕孫的職業。

如此傳統在清末，除了讓皇室出現沉重的財政負擔，也成為讓洋人詬病的道德問題。所以新上位的袁皇帝放話：「新皇朝不用宦官！」那要用什麼人伺候皇族？袁世凱回答：「用女官！」

此話一出，當真顯示老袁的男性本「色」！可說真的，對一個男性來說，周邊圍繞著一堆閹人有啥意思？身邊若都是家世清白、身材端正、相貌無瑕疵的妙齡女性，這才帶感啊！（這裡要解釋一下，所謂「相貌無瑕疵」並非說只有正妹才能入宮，而是指入宮女性不能有任何外傷、疤痕、破相，甚至連「痣」都不能有，加上「美感」這種東西，不同時代皆有所不同，所以若是看到清朝皇帝的後宮照片，可別覺得古人都瞎了眼，那可是制度下的限制啊！）

而且袁世凱推動女官制度，除了呼應消除洋人口中的落後行為外，他最大的名義還是：回溯至周朝的古典禮儀（在宮廷事務還沒那麼「搞剛」的周朝，閹人的存在微乎其微，大部分事務是由女子搞定的）。

以上種種，都顯示洪憲帝制中西合璧的表現。這是不是代表身處傳統價值觀逐漸崩解，新價值觀又未能定位的清末民初，袁世凱既朝著新價值觀摸索嘗試，但又不時顧及舊有觀念？不過，還未等到袁世凱證明混搭風的價值，一場風暴已然臨到。

密謀

袁世凱稱帝後，最先做的事情是……封賞！

這其實不難理解，搞帝制以來，不少人為袁世凱忙進忙出；如今你風光當皇帝，總該賞點好處，不然讓人白做工啊？何況這也是拉攏各方勢力、為新王朝拉抬聲勢的好時機。所以袁世凱陸續發布以下封賞名單：

原中華民國副總統——黎元洪，封為武義親王。

馮國璋、閻錫山、唐繼堯、曹錕……等四十多位實力派將領，分別擁有「公侯

伯子男」的爵位。

徐世昌、趙爾巽、李經羲、張謇，被封為「嵩山四友」；享有每年二萬元的顧問費，准許免稱臣跪拜，還可坐著與皇帝對談。

以上封賞名單，乍看之下沒什麼，實際上卻是暗藏玄機。

像是所謂的「嵩山四友」，各自在政經界擁有極大的名聲，所以袁世凱此舉，頗有向各界示好之意；但更讓人跌破眼鏡的，是副總統黎元洪竟被封至「王」的地位，這可是跟隨袁世凱甚久的北洋諸將都沒能獲賞的榮譽。有此一說，袁世凱此舉是拉攏名望頗高的黎元洪，以及他背後有所關連的前革命勢力。不過黎元洪做了一件非常打臉的舉動：他拒絕了袁世凱的封賞，並選擇以沉默表示他對帝制的不支持。而袁世凱對各地將領封賞，則是想藉機把尾大不掉的將領召回北京，就近監控（這其中的代表，就是江蘇的馮國璋），可見在皆大歡喜的表面下，他仍有著精細的盤算。

而在北京城熱鬧之際，在極遠的西南地區，一群人正在密謀並達成了協議……

時間倒回一九一五年八月，也就是袁世凱鼓動廢除共和改立君主立憲制的初期，一對師徒正在對話。

老師：「你可願意反袁？」

學生：「老師願意，學生自然也願意。只是我必須先想辦法脫離袁世凱的掌握，方可回到雲南號召舊部，可是，只憑雲南的兵力不足以抗衡袁世凱。」

老師：「這你放心，我會鼓動其他勢力一起反袁。」

學生：「又能看見老師一筆敵千軍的功力，學生深感榮幸！」

老師：「輿論還需實力配合，你的責任重大，可有把握？」

學生：「學生定決勝於戰場！」

同年的十二月，師徒各自有了動作。學生秘密離開北京，然後取道香港、河內，最後抵達雲南昆明，並開始與昔日的部下甚至是以往的仇敵共謀大計。然後老師則是到了南京，並發信給學生：「形勢已刻不容緩，趕快發動起義！」

一九一五年十二月二十五日，那名學生知道時機已至，他將掀開早已謀劃許久的行動！

這天，一封急報傳出：「蔡鍔聯合雲南都督唐繼堯、前革命黨人李烈鈞，在昆明宣布雲南獨立！另外此三人還組織部隊，自稱為『護國軍』，分由蔡鍔、李烈

（上）李經羲；（下）張謇。

鈞、唐繼堯任一、二、三軍總司令，準備要北伐四川了！」

收到消息的袁世凱先是一陣愕然：「蔡鍔這小子不是說去日本治病嗎？原來治病是理由，真正的目的是脫離北京回到雲南重掌兵權？好個蔡松坡，竟連我也瞞住了。」但他隨即鎮定，畢竟他早認識到：「搞帝制必有人反對，只是看誰先冒出頭發難。」如今蔡鍔領導所謂的護國軍起義，其實就是結合先前中央政府始終無法有效管轄的西南軍閥勢力。他們固然有其槍桿子，但實力比起北洋軍仍是差上一大截；若能在戰場上擊敗護國軍，不但能壓下反帝制言論，還能趁機在西南地區扎根，擴展北洋的勢力（就如同二次革命，北洋軍就趁機進占原屬革命黨勢力的長江中下游流域）。

面對如此危機及良機，袁世凱立刻下令：「派遣三路大軍向西南進攻；第一路，經湖南取貴州；第二路，入四川取雲南；第三路，命廣東軍借道廣西直取雲南。」

當時各路軍的統領已經到齊，就缺統領全軍的總司令，那請問：「如果你是袁世凱，會在北洋諸將中選誰領軍？」

按戰場經驗來說，段祺瑞、馮國璋是無庸置疑的人選；此兩人軍中威望極高，並且一個鎮壓過白狼起義，另一個則在陽夏之戰、二次起義中大顯威風（北洋之龍王士珍也是一個人選，不過先前提過，此人因忠於清朝，所以打從清帝遜位後就無心軍政，所以就別指望了）。

可是當袁世凱先找在北京附近養病的段祺瑞領軍時，段祺瑞邊搓著麻將邊表示：「唉呀，我有病啊，總統最好另找他人吧……ㄟ！碰一個！」而在江蘇駐軍的馮國璋，面對袁世凱的電報則說：「哪天我安穩了南方軍務，就連忙趕去給總統領軍。」然後馮國璋口中的「哪天」從來沒出現過……

對於這一虎一狗明擺著拖延，骨子裡堅決反帝制的態度，袁世凱雖是氣得光頭都要冒出蒸氣了，卻也無可奈何，所以他只好宣布：「曹錕擔任征滇（雲南）的總司令。」

雖然任命曹錕是不得已的選擇，但從曹錕在辛亥革命期間曾有領軍鎮壓山西革命勢力的實戰經驗來看，袁世凱已是派出他身旁最能信任也最有力的戰將，但是……比起蔡鍔，曹老兄明顯不夠看！因為當曹錕自領一軍以優勢兵力在四川南部遭遇僅率部分護國軍的蔡鍔，竟是連吃敗仗，甚至被迫後撤及收縮部隊進行戰略防守。更讓袁世凱吃驚的，是其餘的兩路軍將毀於一介文人的筆桿！

再度把時間倒回到那對師徒的對話。

蔡鍔：「就算回到雲南號召舊部，可是，只憑雲南的兵力不足以抗衡袁世凱。」

只見眼前的老師，表情雖然凝重，卻露出極有把握的神情說：「這你放心，我會鼓動其他勢力一起反袁。」

蔡鍔真的很放心，因為他知道老師已經用手中帶感情的筆，創造太多輿論界的赫赫戰績，而且……誰說他的老師只會用筆？

所以老師先是在上海發表了《上大總統書》，對袁世凱表達了最後的勸告，也表達自己反帝制的立場；然後眼看袁世凱沒回應，並派出大軍鎮壓護國軍，這位老師很實際地想到：「袁世凱策動廣東軍打算抄襲松坡的後路，直取雲南大本營，這當中一定要經過廣西陸榮廷的地盤。陸榮廷雖然一直附和袁世凱，卻絕不想讓自己的地盤被人侵犯，而且他應該會意識到，要是雲南也落入袁世凱的掌控，自己終將

陷入三面包夾的困境，所以現在是能鼓動他加入反帝制的絕佳時機！」

於是老師寫了一封信，勸陸榮廷能發動廣西獨立表態反袁，陸榮廷收到信後，立馬回覆：「只要先生早上抵達廣西，我陸榮廷當晚即宣布獨立！」

所以在三月十五日，廣西陸榮廷宣布獨立，隨即派遣部隊偷襲路過的廣東軍，逼迫他們繳械並加入獨立的陣營，使袁世凱的第三路軍瞬間消失！

接著陸榮廷更是發兵北進湖南，和袁世凱派出的第一路軍交戰，這使得正在四川奮戰的蔡鍔，得以毫無後顧之憂地抗擊曹錕！

這一切謀略皆出自至今那仍未亮相於台前的老師！

三月二十七日（另有一說是四月四日），陸榮廷終於盼到了這位老師抵達廣西，他極為恭敬地前往迎接：「先生，幹卿（陸榮廷的字）久候多時了。」

這位老師終於登台亮相，他就是……飲冰室主人——梁啟超！

至此，這場由梁啟超編曲、蔡鍔主奏，革命黨、西南軍閥協奏的護國軍起義，當真是把老袁搞得是灰頭土臉！先前潛伏的反帝制輿論，因為梁啟超的出面，不但如雨後春筍般出現，還不分派系地彼此串聯。

（蔡鍔曾公開反對斥責李烈鈞主導的二次革命，陸榮廷不但反革命黨，與蔡鍔也素無交情，若非梁啟超的威望，這些人還真湊不到一塊。）

而輿論的壓力也逼使老袁部分手下改變立場，比如曹錕的主力軍之所以會連吃敗仗，就是因為袁世凱派駐在四川的親信陳宧的消極避戰。

陳宧是在二次革命後，被老袁分派到各地鎮守的北洋將領，結果眼見老袁對他控制轉弱，而且飽受輿論抨擊，他先是跟蔡鍔暗地裡勾搭，甚至索性宣布四川獨立，成為壓垮袁世凱政權的重擔。

接下來按教科書的說法，那就是牆倒眾人推，護國軍持續進逼，連帶引發袁世凱底下那一票北洋將領也紛紛表示反對。於是老袁黯然結束洪憲帝制……

是、這、樣、嗎？

事實上，護國軍並沒有足夠的軍餉足以支持北伐，加上這支軍隊是由各方勢力結合，有些勢力以前還曾是死對頭，可謂貌合神離（比如：李烈鈞和蔡鍔）。所以蔡鍔打入四川南部後，接著無力為繼，而馮國璋、段祺瑞、陳宧等人雖反帝制，可也僅是暗地裡搞鬼，卻未浮現檯面上地反抗。何況這些北洋將領與護國軍也不是鐵板一塊的聯盟，反袁的軍事力量，可謂一盤散沙。

所以雖然護國軍起義及影響範圍的擴大，對袁世凱造成不少打擊，但老袁早有心理準備，頂多就是比預計多花費些心力，可接下來的消息，那當真是青天霹靂，讓老袁驚愕詫異，甚至只怕沒有內傷到一口老血嘔出來！

護國軍起義沒多久，英國公使朱爾典，聯合日、俄、法等各國公使要求：

「請延遲更改國體。」

還記得朱爾典嗎？此人是英國駐華公使，跟袁世凱關係密切。也正是此人在辛亥革命期間，先是不斷向清政府表示：「快點讓袁世凱復出，他才能搞定亂局！」後來又極力鼓吹：「中國需有強人穩定局面，好維護列強利益！」然後猛力向

各國列強推薦：「就只有袁世凱能搞定這一切！」

於是外國列強表達了挺袁立場，促使革命黨人選擇和袁世凱合作倒清，甚至登上大總統職位。在這之後，朱爾典仍舊在華擔任公使，同時成為老袁外交上的重要媒介。他通常代表列強的態度，並因私交，給予袁世凱或多或少的支持。

（甚至當時的官員——曹汝霖還有一段回憶：「朱爾典支持袁大總統稱帝。」）

如今連朱爾典都表達對洪憲帝制的反對，這就代表列強非常不滿意袁世凱的所作所為！甚至所有外國勢力中，日本由於在提出《二十一條要求》時被袁世凱擺了好幾道，所以不但發表反袁言論，還透過各種實際方式惡搞袁世凱。舉個例子來說：雲南護國軍的部分軍費，竟然就是日本人暗中資助的！

這都讓袁世凱矇了！「你們這些洋人，尤其是日本人，先前不還在《順天時報》支持我袁世凱搞帝制嗎？怎麼現在全翻臉呢？」

這個解答，只好由袁世凱最寵愛的三女兒袁靜雪幫他解答。

說來也是巧合，袁靜雪的貼身丫頭有次請假回家探望親人，由於袁靜雪非常喜歡吃坊間零食「五香酥蠶豆」，就吩咐丫頭回府時買一包帶回來。由於當時的人會用報紙來包小點心，袁靜雪一邊吃著蠶豆時，就一邊順手拿起報紙看，卻發現……這報紙跟我們家的報紙內容怎麼如此不一樣？

袁靜雪意識到這其中有鬼，於是立刻把「真實版」的《順天時報》拿給袁世凱瞧瞧，老袁看到那還帶有點心殘渣的報紙內容，驚駭地問：「這究竟怎麼回事？先前家裡報紙是誰拿來的？」面對氣急敗壞的袁世凱，下人怯弱地說：「家裡報紙……都……都是大少爺拿來的！」

原來當初是袁克定偽造報紙，營造出外國人支持帝制的假象，好鼓動袁世凱當皇帝，這讓袁世凱一聲咆嘯：「這個逆子啊！」隨即抄起竹棍（也有說是皮鞭），朝袁克定奔去。這位坑爹的「太子爺」後來被打到全家上下都跑來求情：「再打下去就要死人啦！」袁世凱才忿忿不平地停手，但還是多罵了一句：「你欺父誤國！」

袁世凱何以如此氣急敗壞？因為他清楚：帝制成功與否，全看外國人的態度。

這時讓我們回顧前頭，並且向大家提出一個疑問：「為何在清末，西方列強選擇支持袁世凱，而不是由孫文擔任新中國的領導者？」

難道是因為袁世凱長得比較帥？當然不是！列強支持袁世凱只因為……他有能力穩定中國！當時若讓孫文當領導，中國將會陷入南北戰爭，由於清政府在北方的統治基礎牢固，這場內戰沒個三年五載根本分不出勝負。但若是由手握北洋軍，又得清朝改革派及部分革命黨人推崇的袁世凱領導，將在最短時間內安定中國政局。

袁克定。

那為何穩定中國很重要？是洋人很愛中國人嗎？錯！洋人是很愛中國人……的錢！

自英法聯軍過後，西方列強進入中國各地投資而且成果豐碩，要是中國因內戰而局勢混亂，列強的收益將會下降，所以洋人對中國的行動，從來是以安定社會至上。就好像八國聯軍時期，洋人對慈禧太后並無好感，所以在攻破北京後，竟提出要清朝交出慈禧太后。結果負責談判的李鴻章提到：「我國的太后，地位如同英國的女王，如果你們敢動她，就連我都跟你們翻臉抵抗！」洋人一瞭解慈禧是動不得的存在，立刻就打消念頭，畢竟他們認為：「利益凌駕在情緒之上。」

我再強調一次，西方列強會支持袁世凱是因為他能穩定中國。可現在……袁世凱無法徹底收拾雲南護國軍，對底下實力派將領又無法掌控；他已經不是列強眼中最好的掌權者，而西方列強對失去利益的合作夥伴，向來翻臉得非常徹底！

（舉個例子，蔣介石是抗戰時期最能整合各方勢力抵禦日本的領袖，所以哪怕中國對外道路都被封鎖，美國還會派航空隊翻越喜馬拉雅山脈空運補給，維持軍援不斷。但等到國共內戰，蔣介石的敗象稍露，美國就宣稱對國民黨完全失望，撤出了所有奧援。直到中共建國對美國的對手——蘇聯採取一邊倒支持的外交政策，這才讓美國重新支持蔣介石，先派第七艦隊協防台灣，再簽《中美共同防禦條約》讓資金、武器、人員大把進駐台灣，之後還有艾森豪總統訪台表明兩國情誼，好削弱蘇聯集團的擴張力度。人只要有利益，翻臉可以比翻書還快！）

一生和列強周旋的袁世凱清楚明白：「亂局拖越久，列強對自己的支持就越低，等到他們失去耐心，自己將被逼下台，到時新的掌權者、昔日的敵對者可能會一擁而上，把自己撕咬啃食得連渣也不剩……」

於是袁世凱為了安撫列強，只能打造出一個滑稽局面，那就是國內的文書使用

「洪憲」年號，但對外文書卻仍維持「民國」的稱呼，稍微應付洋人的反感。與此同時，袁世凱仍不死心地想要盡快鎮壓國內的反對勢力，畢竟他覺得：「若是國內回穩，還有點機會跟外國列強談帝制的條件。」

只是這一切……沒、那、麼、簡、單！

眼見袁世凱戰況不利，一向反對袁世凱稱帝的段祺瑞、馮國璋開始發揮他們的影響力，其中尤以深感被欺騙的馮國璋，動作最為積極。

身處北京的段祺瑞只是重申「支持共和，反對帝制」的言論，而少有反袁行動。馮國璋卻聯絡江西都督李純、浙江都督朱瑞、湖南都督湯薌銘、山東都督靳雲鵬，聯名向其他各省將軍傳送密電，這則被稱作「五將軍密電」的內容是：「要求南方，取消獨立、退出戰區、保護戰地人民；要求北方，取消帝制、懲辦帝制罪魁、請元首自行辭職。」

（上）李純；（下）湯薌銘。

對於袁世凱來說，這則電文無疑是青天霹靂，這代表東南一帶，甚至就在河北大本營旁的山東省都脫離他的掌握！

外國人不支持、軍隊調動不了、輿論反動甚大，袁世凱終於在一九一六年三月二十二日，找來了自己的秘書張一麟，然後說：「我糊塗，沒能聽你的話。當初你跟嚴修皆苦口阻止帝制，你們兩人與我深交數十年，而且從不要求官階升遷，我非但不聽勸，還對你們懷怨。我今天才總算明白，淡於功名、富貴、官爵、利慾者，乃真國士也。有你們這兩國士在前，而不能聽從其諫勸，我真羞愧……」

看著頹喪的袁世凱，張一麟開口安慰：「這件事你是被小人蒙蔽了。」

這話一出，袁世凱立刻長嘆道：「這件事是我自己不好，不能怪罪別人，幫我起草文告，宣布取消君主立憲國體，將各省區推戴書燒毀，終止所有籌備事宜。」

那一天，是洪憲王朝的終結，離創立僅過了八十三天……

後記

新舊時代下的探索與迷茫

袁世凱退下皇帝寶座後，一開始仍想保有大總統官位，無奈一子錯滿盤皆落索。帝制取消後，雲南護國軍進一步要求袁世凱辭去大總統職位以示負責，就連昔日最忠心的北洋之犬——馮國璋，都發電報表示：「你就退位了吧。」原本隸屬北洋軍的陝西陳樹藩、四川陳宧，也宣布獨立以示反袁。

各方勢力壓迫，使得袁世凱身體面臨巨大的壓力，因此得了尿毒症；那段時間的他，不能吃也不能尿，渾身疼痛、難以入眠；可他還是硬撐著一口氣，試圖收拾殘局。

一九一六年六月，袁世凱請來了徐世昌跟段祺瑞，並對他們說：「總統應該是黎元洪的，我就是病好了，也準備回老家啦。」

之所以特別找這兩人，是因為袁世凱曉得：徐世昌老謀深算又對自己頗有維護心態，只要有他在，袁家在自己死後還能有起碼的保障。至於段祺瑞，代行總理職務的他，必然是未來的掌權者，回想起洪憲帝制對他的壓迫，袁世凱怎會不擔心北洋之虎在他死後挾怨報復呢？

所以袁世凱甚至叫袁克定跪在徐世昌面前，告誡這位大兒子：「我死之後，你等大小事宜統向徐伯父請訓，然後再行。須知徐伯父與我至交，你伺徐伯父當如何我一樣，休得違我遺囑。」

又利用殘病之軀，試圖感動段祺瑞：「放我袁家一條生路吧！」

到了六月六日凌晨，袁世凱已處彌留之際。徐世昌、段祺瑞、王士珍、段芝貴等人，趕緊趕到病榻旁，見證一代強人的最後時光。

當時袁世凱極為勉強地望著徐世昌說：「菊人來得正好，我已經是不中用的人了（這句話真正的意思是：我不行了，請你一定要幫我保存袁家啊）。」

徐世昌先是安慰老袁過幾天就會好，隨即說：「總統有話，早點安排出來也好（這句話真正的意思是：我可以幫你，但你最好把權力分配的事交代一下，不然我也未必保得住袁家）。」

袁世凱掙扎著說：「約法……」

這讓徐世昌、段祺瑞等人頓時豎起耳朵，因為老袁要交代死後的權力分配了！不過他只說了「約法」二字，那究竟是指《臨時約法》還是袁世凱訂的《中華民國約法》？然後這「約法」又該如何遵行？正當眾人屏息以待之際，一直在旁隨侍的袁克定，突然說：「金匱石室！」

看到這裡，老ㄕ不禁想指著袁克定罵道：「都什麼時候了？你還想著金匱石室！」

按《中華民國約法》：「大總統可推薦三人為後繼者，此三人名單將封在金匱石室中，當大總統不能履行職權時，就由這三人挑一個承接總統寶座。」傳聞，袁克定的名字也在這三人名單內，也就是說他有可能繼承大總統職位。

可現在是什麼情況？為何你老子都快病掛了，還以殘病之軀向當權派示弱博取同情？不就是為了保存袁家啊！結果你這殘廢兒子，直到這一刻還顯示對權力的渴望，能不引起他人的殺機嗎？

所以袁克定一說出「金匱石室」，袁世凱立刻嗆得說不出話！還眼看就要沒氣了，眾人立刻慌了手腳：「後事沒交代清楚，你可不能輕易掛掉啊！」於是連忙找醫生注射強心針，才讓袁世凱勉強恢復意識，但他們也只聽到老袁拚盡最後一口氣說：「『他』害了我！」隨即氣絕身亡，享年五十八歲。

儘管用盡心機，袁世凱最終還是未能跨過他一直忌諱的六十大關。

我想，這個讓老袁死前都念茲在茲的「他」，應該就是指一心鼓動他稱帝，甚至不惜造假消息的袁克定吧！雖說一個巴掌拍不響，若非袁世凱本身有意，就憑袁克定這二世祖應該也掀不起風浪，但看到一個人才被自己的兒子玩殘，我個人還是有滿滿的感嘆！

敘述至此，故事將要進入尾聲，話說當我在網路上發表這一系列的故事時，曾有人問我：「老ㄕ似乎以袁世凱為故事的敘述主軸，為什麼你會那麼重視他呢？」我的理由是：因為我想藉由此人闡述各時代的獨特性與彼此的連結。

我們現在習以為常的民主政治並非說實施就能實施，無論是法律體系、觀念培養、文化形塑……都需要相當時間才能達成。

號稱現代民主典範的英國，如果從一二一五年出現限制王權的《大憲章》開始算起，直到一六八九年確立議會政治的《權利法案》；中間過渡的四百多年，曾出現：內戰（議會VS.國王查理一世及其支持者——騎士黨）、獨裁者（護國公——克倫威爾）、王政復辟（查理二世重建斯圖亞特王朝），以及多次皇權和議會的衝突，這才確立英式民主政治。

另一民主國家——法國，在法國大革命後創立第一共和、拿破崙崛起後成立第一帝國、拿破崙落敗後由原來的波旁王室復辟、七月革命顛覆波旁王室建立君主立憲、二月革命顛覆立憲建立第二共和，然後第二共和的總統路易・拿破崙卻又創立第二法蘭西帝國……情況也是混亂得很！

所以當我們在教科書讀到清末民初的歷史，並且覺得亂得一塌糊塗之際，我認為實屬正常。因為那是新舊價值觀交替期間，所產生的必然震盪。

以袁世凱為例，綜觀他的一生，前半生致力於清朝的改革事業（包含清末的立憲運動），但是機緣巧合下，他的晚年卻成為自己從未支持過的民主共和國創立者。雖然他以非常投機的方式取得政權，但在任職總統期間，對內興實業、辦教育、搞建設，對外練新軍、保領土、顧外交，倒也盡忠職守。若說他值得詬病的地方，以「現在」的眼光來看，就是過於集權的獨裁，但那卻是當時的掌權者通病。而當時人之所以如此，或許其中一個原因，畢竟是受皇帝極權統治的影響太深，或多或少所殘留下的潛意識吧？無奈的是，在大清服務多年的袁世凱，他對皇權殘留的印象更為深刻，以至於他人生的最後一步，在看不清新舊價值衝突下的大勢下選擇錯誤，導致身敗名裂。那不僅是他個人的悲哀、國家的不幸，不也代表著動亂時代下的迷茫色彩嗎？

所以我們能將袁世凱，以「與時代脫節的落伍獨裁者」做簡單的定調嗎？

事實上，袁世凱正是過渡時代下的代表人物，他因認識時代的變化而崛起，也因看不清趨勢而失敗；而這其中，我們卻又可以看到他與身旁歷史人物的精明以及糊塗之處。這正是老ㄕ在本書想表達的主軸：時代演變下的人物展現。

而我也期待透過認識歷史，能培養一份「寬容」之心，也就是不以「現在」的眼光論斷「過去」。一代人有一代人的背景、框架、思想以及應負上的責任，焉知看似進步及理所當然的「現在」，不會在「未來」成為被批評的「過去」呢？如此說來，歷史除了學科考據上的嚴謹，還有批判性思考的建構，連接不同時光之間，恐怕更深的是一份感情啊！

最後，還是為本書所描述的時代做個總結。我的歷史系教授曾說：「為歷史分期，可以看出一個人的想法。」按老ㄕ的個人想法：民國元年至民國五年可謂中華民國的第一共和。曾經它被眾人寄予厚望成理想國度的誕生；但先天殘破的經濟、萎靡的國力、不被人尊重的外交處境，加上後來內部因價值觀對立而產生的內戰及政爭，使得人們在越大的期待後，感受到更大的失望，以至於這個新生共和竟在短短五年內就被創立者之一的袁世凱大總統親手終結。

但袁世凱的洪憲帝制卻是猝然而起，後又戛然而止，使他不僅無法成為民主國度的華盛頓，比起威風一時的拿破崙也是差之甚遠。在這之後，共和再度重生，中華民國的歷史進入由袁世凱的手下主政的第二共和時期，不過那又是另一段故事了……

參考資料

【書籍資料】

《晚清七十年》，作者：唐德剛。遠流出版社。
《袁氏當國》，作者：唐德剛。遠流出版社。
《百年家族：袁世凱》，作者：侯宜傑。立緒出版社。
《原來袁世凱》，作者：張研。中華出版社。
《戊戌變法史事考初集》，作者：茅海建。生活・讀書・新知三聯書店。
《北洋軍閥史話》，作者：丁中江。商務印書館。
《北洋將軍軼事》，編撰：楊潛。山東畫報出版社。
《革命逸史》，作者：馮自由。金城出版社。
《二次革命：國民黨與袁世凱的軍事對抗》，作者：張玉法。出處：近代史研究所集刊第十五期。

【影像資料】

《鳳凰大視野：首義》，來源：鳳凰衛視。
《羅輯思維二〇一四第六期：大清帝國的生死時速》，來源：羅輯思維。
《羅輯思維二〇一四第四十四期：宋教仁遇刺案》，來源：羅輯思維。

繼承者們

被遺忘的中國近代史3

金哲毅—著

袁世凱死後，
究竟誰才是能執掌中華民國的「繼承者」？
為了總統之位、派系之鬥、體制之爭，
在內憂外患、風雨飄搖中，
開始了一場永無休止的權力遊戲……

國家圖書館出版品預行編目資料

野心家們：被遺忘的中國近代史 2 / 金哲毅作 . -- 初版 . -- 臺北市：平安文化, 2016.9　面；　公分 . -- (平安叢書；第 532 種)(知史；06)

ISBN 978-986-93313-6-4 (平裝)

1. 中華民國史 2. 傳記

628　　105015551

平安叢書第 0532 種

知史 [6]

野心家們

被遺忘的中國近代史2

作　　者—金哲毅
發 行 人—平雲
出版發行—平安文化有限公司
台北市敦化北路 120 巷 50 號
電話◎ 02-27168888
郵撥帳號◎ 18420815 號
皇冠出版社(香港)有限公司
香港銅鑼灣道 180 號百樂商業中心
19 字樓 1903 室
電話◎ 2529-1778　傳真◎ 2527-0904
總 編 輯—許婷婷
責任編輯—蔡維鋼
美術設計—王瓊瑤
著作完成日期— 2016 年 05 月
初版一刷日期— 2016 年 09 月
初版三刷日期— 2021 年 10 月
法律顧問—王惠光律師

讀者服務傳真專線◎ 02-27150507
電腦編號◎ 551006
ISBN ◎ 978-986-93313-6-4
Printed in Taiwan
本書定價◎新台幣 280 元 / 港幣 93 元